Lars Gellner
Matthias Gerhardt
Sandra Kraus
Silke Petersen

Berufs-förderung an Stationen

7/8

Auer Verlag

Die Herausgeber:

Marco Bettner: Rektor als Ausbildungsleiter, Haupt- und Realschullehrer, Referent in der Lehrerfort- und Lehrerweiterbildung

Dr. Erik Dinges: Rektor einer Förderschule für Lernhilfe, Referent in der Lehrerfort- und Lehrerweiterbildung

Die Autoren:

Lars Gellner: Hauptstufenleiter an einer Förderschule für Lernhilfe mit fachlichem Schwerpunkt Gesellschaftslehre, Prüfer beim Amt für Lehrerbildung (AfL) in Hessen, zahlreiche Veröffentlichungen

Matthias Gerhardt: Schreiner, Dipl.-Ing. (FH) Holztechnik, in der Erwachsenenbildung tätig

Sandra Kraus: Förderschullehrerin an einer Schule für Lern- und Erziehungshilfe, langjährige Berufserfahrung an einer Regelschule

Silke Petersen: Förderschullehrerin an einer Schule für Lern- und Erziehungshilfe, Prüferin beim Amt für Lehrerbildung (AfL) in Hessen, Lehrauftrag an der Justus-Liebig-Universität Gießen (Wahlfachpraktikum Mathematik), zahlreiche Veröffentlichungen

Gedruckt auf umweltbewusst gefertigtem, chlorfrei gebleichtem
und alterungsbeständigem Papier.

1. Auflage 2012
Nach den seit 2006 amtlich gültigen Regelungen der Rechtschreibung

Illustrationen: Steffen Jähde, Stefan Leuchtenberg, Thorsten Trantow
Satz: Satzpunkt Ursula Ewert GmbH, Bayreuth
Druck und Bindung: Druckerei Joh. Walch GmbH & Co. KG, Augsburg
ISBN 978-3-403-**06882**-2

www.auer-verlag.de

Inhaltsverzeichnis

Vorwort 4

Materialaufstellung und Hinweise zu den einzelnen Stationen 6

Laufzettel 9

Berufsfindung

Station 1: Meine Berufsvorstellungen 10
Station 2: Schlüsselqualifikationen 11
Station 3: Eigen- und Fremdwahrnehmung 12
Station 4: Berufswünsche eingrenzen 14
Station 5: Berufsbilder und Berufsfelder 15
Station 6: Ausbildungsmessen besuchen 16

Betriebserkundung

Station 1: Verfahren der Betriebserkundung 18
Station 2: Technologischer Aspekt 20
Station 3: Betriebswirtschaftlicher Aspekt 21
Station 4: Sozialer Aspekt 22
Station 5: Berufsorientierter Aspekt 23
Station 6: Ökologischer Aspekt 24
Station 7: Konsumentenaspekt 25
Station 8: Ablauf der Erkundung 26

Vor dem Praktikum

Station 1: Einen Praktikumsplatz suchen 27
Station 2: Vorstellung in einem Betrieb . . 28
Station 3: Das Praktikum beginnt 30
Station 4: Erwartungen des Betriebes . . . 31
Station 5: Der Praktikumsbericht 33
Station 6: Die äußere Form 34
Station 7: Umfang und Inhalt 36
Station 8: Meine Wünsche und Erwartungen 37

Während und nach dem Praktikum

Station 1: Fragebogen zum Praktikumsbetrieb 38
Station 2: Rechtliche Aspekte – Sicherheitsbestimmungen 39
Station 3: Rechtliche Aspekte – Jugendarbeitsschutz 40
Station 4: Der erste Praktikumstag 41
Station 5: Tagesberichte schreiben 42
Station 6: Mein Berufsbild – Arbeitsvorgangsbeschreibung 43
Station 7: Fragen an den Praktikumsbetreuer 44
Station 8: Mein Praktikum im Rückblick . . 46
Station 9: Beurteilung durch den Betrieb 47

Grundlagen PowerPoint

Station 1: Tipps zur Präsentationsgestaltung 48
Station 2: Programmoberfläche PowerPoint 49
Station 3: Wichtige Formatierungen 50
Station 4: Texte eingeben 51
Station 5: Grafiken einfügen 52
Station 6: Bewegung erzeugen 53
Station 7: Nützliche Speicherfunktionen . . 55

Clever kalkulieren mit Excel

Station 1: Wozu dient Excel? 56
Station 2: Spalten, Zeilen und Zellen 57
Station 3: Erste Schritte 58
Station 4: Dateneingabe und Zellformate . 59
Station 5: Die Lesbarkeit verbessern 60
Station 6: Funktionen und Formeln 62
Station 7: Tasten sind schneller als die Maus 65
Station 8: Daten übersichtlich darstellen . . 66
Station 9: Prüfe dein Wissen 68

Lösungen 69

Quellenverzeichnis 80

Vorwort

Bei den vorliegenden Stationsarbeiten handelt es sich um eine Arbeitsform, bei der unterschiedliche Lernvoraussetzungen, unterschiedliche Zugänge und Betrachtungsweisen sowie unterschiedliche Lern- und Arbeitstempi der Schüler[1] Berücksichtigung finden. Die Grundidee ist, den Schülern einzelne Arbeitsstationen anzubieten, an denen sie gleichzeitig und selbstständig arbeiten können. Die Reihenfolge des Bearbeitens der einzelnen Stationen ist dabei ebenso frei wählbar wie das Arbeitstempo und meist auch die Sozialform.
Vorschläge der Autoren werden durch ein entsprechendes Symbol gekennzeichnet:

 Einzelarbeit  Partnerarbeit  Gruppenarbeit

Innerhalb einer Stationsarbeit können Sie als Lehrkraft Stationen als Wahl- oder Pflichtaufträge deklarieren (siehe Laufzettel). Aufgrund der individuellen Lernvoraussetzungen wird bewusst auf eine Vorgabe verzichtet.

Tipps und Hinweise sind mit diesem Symbol gekennzeichnet: 

Als dominierende Unterrichtsprinzipien sind bei allen Stationen die Schülerorientierung und Handlungsorientierung aufzuführen. Schülerorientierung meint, dass die Lehrkraft in den Hintergrund tritt und nicht mehr im Mittelpunkt der Interaktion steht. Diese wird zum Beobachter, Berater und Moderator. Aufgabe ist nicht das Strukturieren und Darbieten des Lerngegenstandes in kleinsten Schritten. Durch die vorbereiteten Stationen schafft die Lehrkraft eine Lernatmosphäre, in der die Schüler sich Unterrichtsinhalte eigenständig erarbeiten bzw. Lerninhalte festigen und vertiefen können. Handlungsorientierung meint, dass das angebotene Material und die Arbeitsaufträge selbsterklärend sind. Der Unterrichtsgegenstand und die zu gewinnenden Erkenntnisse werden also nicht durch die Lehrkraft dargeboten, sondern durch die Auseinandersetzung mit dem Material und die eigene Tätigkeit gewonnen und begriffen.

Mit dieser Veröffentlichung möchten wir – wie bereits erwähnt – Materialien zur Verfügung stellen, die den unterschiedlichen Lernvoraussetzungen von Schülern gerecht werden. Jeder Einzelne erhält seinen eigenen Zugang zum inhaltlichen Lernstoff. Die einzelnen Stationen ermöglichen das Lernen mit allen Sinnen bzw. berücksichtigen die unterschiedlichen Lerneingangskanäle. Dabei werden sowohl visuelle (sehorientierte), als auch haptische (fühlorientierte) und intellektuelle Lerntypen angesprochen. An dieser Stelle werden gleichermaßen die Brunerschen Repräsentationsebenen (enaktiv bzw. handelnd, ikonisch bzw. visuell und symbolisch) mit einbezogen. Aus Ergebnissen der Wissenschaft ist bekannt: Je mehr Eingangskanäle angesprochen werden, umso besser und langfristiger wird Wissen gespeichert und dementsprechend fester verankert. Das vorliegende Arbeitsheft unterstützt in diesem Zusammenhang das Erinnerungsvermögen, das nicht nur an Einzelheiten und Begriffe geknüpft ist, sondern häufig auch an die Lernsituation.

Die Materialien sind in allen Schulformen einsetzbar. Sie berücksichtigen die in den Lehrplänen der Bundesländer formulierten zu vermittelnden Kompetenzen (Kenntnisse, Einsichten, Arbeitstechniken und Methoden).

Der vorliegende Band trägt den Titel „Berufsförderung" und dient der vorberuflichen Allgemeinbildung. Schule, Ausbildung, Arbeit – dieser Weg bedeutet eine große Herausforderung für Kinder, Jugendliche und junge Erwachsene. Sie sind mit vielfältigen Fragen zur Selbstfindung beschäftigt: „Welche Möglichkeiten habe ich überhaupt?", „Wo finde ich einen geeigneten Betrieb?", „Wie kann ich mich bewerben?", „Welche Voraussetzungen muss ich erfüllen?"

---

[1] Wenn in diesem Buch vom Schüler gesprochen wird, ist immer auch die Schülerin gemeint. Ebenso verhält es sich mit Lehrer bzw. Lehrerin. Der einfacheren Lesbarkeit halber werden auch die Berufsbezeichnungen i. d. R. in der männlichen Form angegeben.

Die strukturellen Veränderungen des Arbeitsmarktes und seiner Angebote, wie z. B. der Rückgang von festen Arbeitsverhältnissen sowie die Zunahme von Teilzeitarbeit, Arbeitslosigkeit und Job-Sharing rufen Verunsicherung und Sorge bei den Schülern, ihren Eltern und den Lehrkräften hervor. Der geradlinige Einstieg in die Arbeitswelt und eine langfristige Sicherung des Arbeitsplatzes kann nicht mehr als selbstverständlich angesehen werden. Die Betriebe erwarten, dass Jugendliche am Ende ihrer Schulausbildung die Grundlagen für eine stabile Persönlichkeit, Gemeinschaftsfähigkeit, Lern- und Leistungsbereitschaft erworben haben und über elementares Grundwissen in den wichtigsten Lern- und Lebensbereichen verfügen.
Im Hinblick auf die Ausbildungsreife der Schulabgänger sind die Ergebnisse einer von der Deutschen Industrie- und Handelskammer (DIHK) durchgeführten Befragung von besonderer Bedeutung:

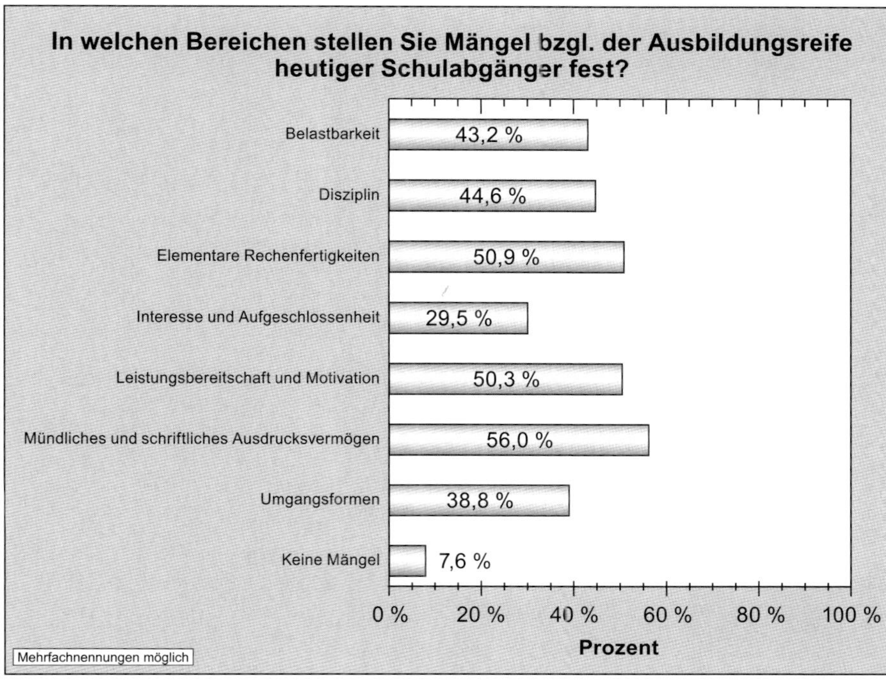

In Anbetracht zunehmender Klagen vonseiten der Wirtschaftsverbände (Unternehmerverbände, Gewerkschaften u. a.) und Institutionen des Wirtschaftslebens (IHK, Handwerkskammern u. a.) besteht für die Schulen sämtlicher Bildungsgänge ein erheblicher Handlungsbedarf für eine zielorientierte Berufsförderung.

Neuere Untersuchungen und Erkenntnisse haben gezeigt, dass es sinnvoll ist, den Schulbetrieb in Zeiten der Pubertät zu „entschulen“, um mehr Erfolg für das „Lebenslernen“ herbeizuführen (DER SPIEGEL Nr. 15 / 2010). Auch angesichts der Komplexität dieser Aufgabe ist ein möglichst früher Beginn der Berufsvorbereitung sinnvoll. Die Schüler sollen sukzessive an die Thematik herangeführt werden.

Während das Autorenteam für den Band der Jahrgangsstufen 5/6 weitgehend eine eher spielerische Herangehensweise gewählt hat, werden die Anforderungen in diesem Band (Jahrgangsstufen 7/8) und im Folgeband (Jahrgangsstufen 9/10) zunehmend gesteigert. Dazu gehört, dass die besondere Bedeutung der neuen Technologien für die persönlichen und beruflichen Lebensbereiche der Schüler berücksichtigt wird. Grundkenntnisse kommunikations- und informationstechnischer Werkzeuge erleichtern den Einstieg in die Berufs- und Arbeitswelt.

Die Materialseiten wurden mit PowerPoint 2003 und Excel 2003 (Microsoft Office) erstellt, da diese Versionen gegenwärtig noch auf den meisten Privat- / Schulrechnern installiert sind. Auch mit älteren bzw. neueren Versionen können die Materialien genutzt werden. Hier ist eine Hilfestellung vonseiten der Lehrkraft in Betracht zu ziehen. Abschließend möchten wir auf das kostenlose Office-Paket „OpenOffice.org“ (http://de.openoffice.org/) hinweisen. Es besteht aus Textverarbeitung, Tabellenkalkulation, Präsentationssoftware, Zeichenprogramm, Datenbankverwaltung und Formeleditor. Die Software kann mit den Office-Formaten umgehen. Im Vergleich zu dem kommerziellen Konkurrenzprodukt unterscheidet sich die Oberfläche marginal.

Materialaufstellung und Hinweise zu den einzelnen Stationen

EA = Einzelarbeit, PA = Partnerarbeit, GA = Gruppenarbeit

Berufsfindung

Die Seiten 10 bis 17 sind in entsprechender Anzahl zu vervielfältigen und den Schülern bereitzulegen. Als Möglichkeit zur Selbstkontrolle können Lösungsseiten erstellt werden.

Seite 10	Station 1	**Meine Berufsvorstellungen** (EA, PA)
Seite 11	Station 2	**Schlüsselqualifikationen** (EA, GA)
Seite 12	Station 3	**Eigen- und Fremdwahrnehmung** (EA, PA): ausreichend Textmarker bereitstellen
Seite 14	Station 4	**Berufswünsche eingrenzen** (EA, PA)
Seite 15	Station 5	**Berufsbilder und Berufsfelder** (EA): Computer mit Internetzugang bereitstellen
Seite 16	Station 6	**Ausbildungsmessen besuchen** (EA)

Betriebserkundung

Die Seiten 18 bis 26 sind in entsprechender Anzahl zu vervielfältigen und den Schülern bereitzulegen. Als Möglichkeit zur Selbstkontrolle können Lösungsseiten erstellt werden.

Eine Checkliste für den Erkundungsablauf und vielfältige Anregungen finden sich auch auf der Internetseite des Hessischen Kultusministeriums (www.kultusministerium.hessen.de) unter „Leitfaden zur aktiven Betriebserkundung".

Die Lehrkraft sollte vor der Planung der Betriebserkundung mit den Schülern selbst Kontakt zum jeweiligen Betrieb aufnehmen. Es sollte ein Betriebsrundgang erfolgen sowie Absprachen für die Erkundung getroffen werden. Erkundungsschwerpunkte können hierbei festgelegt, ein Zeitplan und die Organisation des Erkundungstages besprochen werden.

Seite 18	Station 1	**Verfahren der Betriebserkundung** (EA, PA, GA)
Seite 20	Station 2	**Technologischer Aspekt** (EA, PA, GA)
Seite 21	Station 3	**Betriebswirtschaftlicher Aspekt** (EA)
Seite 22	Station 4	**Sozialer Aspekt** (GA): Computer mit Internetzugang, Nachschlagewerke, ausreichend Papier, evtl. Kartonbögen bereitstellen
Seite 23	Station 5	**Berufsorientierter Aspekt** (EA): Computer mit Internetzugang bereitstellen
Seite 24	Station 6	**Ökologischer Aspekt** (GA)
Seite 25	Station 7	**Konsumentenaspekt** (EA, GA): ausreichend Papier und ggf. weitere Materialien (je nach Planung) bereitstellen
Seite 26	Station 8	**Ablauf der Erkundung** (EA)

Vor dem Praktikum

Die Seiten 27 bis 37 sind in entsprechender Anzahl zu vervielfältigen und den Schülern bereitzulegen. Als Möglichkeit zur Selbstkontrolle können Lösungsseiten erstellt werden.

Seite 27	Station 1	**Einen Praktikumsplatz suchen** (EA): Medien zur Recherche bereitstellen (Computer mit Internetzugang, Gelbe Seiten, Werbeprospekte, Tageszeitungen, …)
Seite 28	Station 2	**Vorstellung in einem Betrieb** (EA, PA)
Seite 30	Station 3	**Das Praktikum beginnt** (EA)
Seite 31	Station 4	**Erwartungen des Betriebes** (EA)
Seite 33	Station 5	**Der Praktikumsbericht** (PA)
Seite 34	Station 6	**Die äußere Form** (EA): Computer mit Textverarbeitungsprogramm Word und Drucker bereitstellen
Seite 36	Station 7	**Umfang und Inhalt** (EA): Computer mit Textverarbeitungsprogramm Word und Drucker bereitstellen
Seite 37	Station 8	**Meine Wünsche und Erwartungen** (EA): Computer mit Textverarbeitungsprogramm Word und Drucker bereitstellen

Während und nach dem Praktikum

Die Seiten 38 bis 47 sind in entsprechender Anzahl zu vervielfältigen und den Schülern bereitzulegen. Als Möglichkeit zur Selbstkontrolle können Lösungsseiten erstellt werden.

Seite 38	Station 1	**Fragebogen zum Praktikumsbetrieb** (EA): Computer mit Internetzugang, Textverarbeitungsprogramm Word und Drucker bereitstellen
Seite 39	Station 2	**Rechtliche Aspekte – Sicherheitsbestimmungen** (EA): Computer mit Internetzugang bereitstellen
Seite 40	Station 3	**Rechtliche Aspekte – Jugendarbeitsschutz** (EA): Computer mit Internetzugang und ggf. Jugendarbeitsschutzgesetz als Ausdruck bereitstellen
Seite 41	Station 4	**Der erste Praktikumstag** (EA)
Seite 42	Station 5	**Tagesberichte schreiben** (EA): Computer mit Textverarbeitungsprogramm Word und Drucker bereitstellen
Seite 43	Station 6	**Mein Berufsbild – Arbeitsvorgangsbeschreibung** (EA, PA)
Seite 44	Station 7	**Fragen an den Praktikumsbetreuer** (PA)
Seite 46	Station 8	**Mein Praktikum im Rückblick** (EA)
Seite 47	Station 9	**Beurteilung durch den Betrieb**

Grundlagen PowerPoint

Die Seiten 48 bis 55 sind in entsprechender Anzahl zu vervielfältigen und den Schülern bereitzulegen. Als Möglichkeit zur Selbstkontrolle können Lösungsseiten erstellt werden.

Seite 48	Station 1	**Tipps zur Präsentationsgestaltung** (EA)
Seite 49	Station 2	**Programmoberfläche PowerPoint** (EA): ggf. Computer mit Präsentationsprogramm PowerPoint bereitstellen
Seite 50	Station 3	**Wichtige Formatierungen** (EA): Computer mit Präsentationsprogramm PowerPoint und ggf. externes Speichermedium bereitstellen
Seite 51	Station 4	**Texte eingeben** (EA): Computer mit Präsentationsprogramm PowerPoint und ggf. externes Speichermedium bereitstellen
Seite 52	Station 5	**Grafiken einfügen** (EA): Computer mit Präsentationsprogramm PowerPoint und ggf. externes Speichermedium bereitstellen
Seite 53	Station 6	**Bewegung erzeugen** (EA): Computer mit Präsentationsprogramm PowerPoint und ggf. externes Speichermedium bereitstellen
Seite 55	Station 7	**Nützliche Speicherfunktionen** (EA): Computer mit Präsentationsprogramm PowerPoint und ggf. externes Speichermedium bereitstellen

Clever kalkulieren mit Excel

Die Seiten 56 bis 68 sind in entsprechender Anzahl zu vervielfältigen und den Schülern bereitzulegen. Als Möglichkeit zur Selbstkontrolle können Lösungsseiten erstellt werden.

Seite 56	Station 1	**Wozu dient Excel?** (EA)
Seite 57	Station 2	**Spalten, Zeilen und Zellen** (EA): ggf. Computer mit Tabellenkalkulationsprogramm Excel bereitstellen
Seite 58	Station 3	**Erste Schritte** (EA): Computer mit Tabellenkalkulationsprogramm Excel und ggf. externes Speichermedium bereitstellen
Seite 59	Station 4	**Dateneingabe und Zellformate** (EA): Computer mit Tabellenkalkulationsprogramm Excel und ggf. externes Speichermedium bereitstellen
Seite 60	Station 5	**Die Lesbarkeit verbessern** (EA): Computer mit Tabellenkalkulationsprogramm Excel und ggf. externes Speichermedium bereitstellen
Seite 62	Station 6	**Funktionen und Formeln** (EA): Computer mit Tabellenkalkulationsprogramm Excel und ggf. externes Speichermedium bereitstellen
Seite 65	Station 7	**Tasten sind schneller als die Maus** (EA): Computer mit Tabellenkalkulationsprogramm Excel bereitstellen
Seite 66	Station 8	**Daten übersichtlich darstellen** (EA): Computer mit Tabellenkalkulationsprogramm Excel und ggf. externes Speichermedium bereitstellen
Seite 68	Station 9	**Prüfe dein Wissen** (EA): ggf. Computer mit Tabellenkalkulationsprogramm Excel bereitstellen

Laufzettel

für ______________________________

Pflichtstationen

Stationsnummer	erledigt	kontrolliert
Nummer _____		
Nummer _____		
Nummer _____		
Nummer _____		
Nummer _____		
Nummer _____		
Nummer _____		

Wahlstationen

Stationsnummer	erledigt	kontrolliert
Nummer _____		
Nummer _____		
Nummer _____		
Nummer _____		

Station 1

Meine Berufsvorstellungen

Name: ____________________

„Wie finde ich meinen Traumberuf?" Mit dieser Frage setzt sich früher oder später jeder Jugendliche auseinander.

Aufgabe 1

Welche Berufe würden dir gefallen?
Schreibe drei mögliche „Traumberufe" auf.

1. ____

2. ____

3. ____

Aufgabe 2

Suche dir für einen deiner Traumberufe einen Interviewpartner aus der Berufswelt und gehe mit ihm den folgenden Fragenkatalog durch. Halte die Ergebnisse in Stichpunkten schriftlich fest.

Frage im Freundes-/Bekanntenkreis nach.

a) Was bereitet Ihnen an Ihrem Beruf besonders große Freude?
b) Beschreiben Sie bitte Ihre Arbeitsaufgaben und Tätigkeitsbereiche.
c) Welche Interessen und Fähigkeiten sind Voraussetzung für Ihren Beruf?
d) Welche Arbeitsmittel bzw. Werkzeuge setzen Sie ein?
e) Wie sind die Arbeitszeiten?
f) Sind die Arbeitsbedingungen längerfristig belastend bzw. gesundheitsgefährdend?
g) Wie hoch ist die Ausbildungsvergütung?
h) Die Ausbildungsdauer beträgt _______ Jahre.
i) Werden die Auszubildenden nach der Abschlussprüfung in Ihrem Betrieb übernommen?
j) Wie hoch ist das Einstiegsgehalt nach Beendigung der Ausbildung?
k) Welche Fort- oder Weiterbildungsmöglichkeiten bestehen?
l) Müssen Sie auf mehrtägige Geschäftsreisen?
m) Wie häufig mussten Sie in den letzten Jahren berufsbedingt den Wohnort wechseln?
n) Wie viele Urlaubstage stehen Ihnen zu?
o) Hat Team- bzw. Gruppenarbeit einen besonderen Stellenwert?
p) Werden besondere PC-Kenntnisse verlangt?

Aufgabe 3

Stelle fest, inwieweit die Antworten deines Interviewpartners mit deinen eigenen Vorstellungen übereinstimmen. Erstelle eine Tabelle nach dem folgenden Muster.

Frage Nr.	Habe ich erwartet …	Hat mich überrascht …
…	…	…
…	…	…

Station 2

Name: ____________________

Schlüsselqualifikationen

Bei der Vergabe von Ausbildungsplätzen achten die Arbeitgeber nicht mehr nur auf die Abschlussnoten, sondern zunehmend auch auf die sogenannten Schlüsselqualifikationen. Das sind berufsübergreifende Fähigkeiten, die heutzutage in allen Branchen erwartet werden.

Aufgabe 1

Bewerte die folgenden Aussagen, indem du jeweils ein Kreuz in die Spalten von 1 bis 6 einträgst.
(1 = äußerst wichtig, 6 = absolut unwichtig)

	Bewertung					
Aussage	**1**	**2**	**3**	**4**	**5**	**6**
Die deutsche Sprache und einfache Rechentechniken müssen beherrscht werden.						
Körperliche und emotionale Belastbarkeit sind Voraussetzungen, um in der Arbeitswelt zu bestehen.						
Jeder sollte über Grundkenntnisse im Umgang mit den neuen Informationstechnologien verfügen.						
Fehler sollte man immer eingestehen.						
Auch für unangenehme Tätigkeiten muss man Lern- und Leistungsbereitschaft zeigen.						
Terminabsprachen sind unbedingt einzuhalten.						
Die Qualität der Arbeitsleistung darf auch nach mehreren Stunden eintöniger Arbeit nicht beeinträchtigt werden.						
Planungsvorgaben müssen umgesetzt, Verbesserungsvorschläge im Team besprochen werden.						
Der Umgangston gegenüber Kollegen und Kunden sollte immer höflich und respektvoll sein.						
Kurzfristige Veränderungen (Arbeitszeit, Arbeitsbedingungen usw.) erfordern ein hohes Maß an Flexibilität.						
Das Zusammenleben und -arbeiten setzt ein Mindestmaß an Einfühlungsvermögen voraus.						
Auf Konfliktsituationen sollte eine sachliche Auseinandersetzung erfolgen. Ist dies nicht möglich – Abstand gewinnen!						
Es ist eine Selbstverständlichkeit, am Arbeitsplatz für Ordnung und Sauberkeit zu sorgen.						

Aufgabe 2

Wertet die Ergebnisse im Klassenverband aus. Wie viele Kreuze kommen pro Aussage zusammen? Wo gibt es die meisten Übereinstimmungen? Wo gegensätzliche Meinungen? Haltet eure Erkenntnisse schriftlich fest.

Station 3

Eigen- und Fremdwahrnehmung

Name: ______________________

Meistens schätzt man sich selbst anders ein, als man von der Außenwelt bzw. den Mitmenschen wahrgenommen wird. Wie aber kann man seine Wirkung auf andere testen?

Aufgabe 1

Schätze dich selbst ein, indem du folgende Aussagen bewertest.
Trage ein Kreuz in die jeweils zutreffende Spalte ein.

– –	deutliches NEIN, stimme ich nicht zu
–	eher NEIN, stimme ich eher nicht zu
0	unentschieden, neutrale Meinung
+	eher JA, stimme ich eher zu
+ +	deutliches JA, stimme ich absolut zu

	Bewertung				
Aussage	+ +	+	**0**	–	– –
Ich gehe auf fremde Menschen zu.					
Im Rampenlicht zu stehen, fällt mir schwer.					
Gelingt mir etwas nicht sofort, probiere ich es so lange, bis es funktioniert.					
Das Arbeiten am PC bereitet mir Schwierigkeiten.					
Ich arbeite gerne in Eigenverantwortung.					
Fremdsprachen liegen mir nicht besonders.					
Ich kann mich gut schriftlich ausdrücken.					
Arbeitsanweisungen kann ich gut behalten.					
Mir ist es wichtig, mich im Vorfeld über meine Aufgaben zu informieren.					
In den ersten Stunden habe ich Probleme, mich auf die Arbeit einzulassen und zu konzentrieren.					
Das Ausfüllen von Formularen fällt mir leicht.					
Ich lerne gerne Neues dazu.					
Ohne lange zu zögern, treffe ich Entscheidungen.					
Was ich zusage, halte ich ein.					
Um eine Aufgabe zu lösen, setze ich meine ganze Energie ein.					
Ordnung und Sauberkeit in meinem Umfeld sind mir besonders wichtig.					
Ein ungepflegtes Erscheinungsbild und rüpelhafte Umgangsformen sind mir ein Gräuel.					
Geheimnisse, die man mir anvertraut, kann ich für mich behalten.					

Station 3

Eigen- und Fremdwahrnehmung

Name: ___________________________

Berufsfindung

Aufgabe 2

Schätze deinen Partner ein und bewerte folgende Aussagen. Trage ein Kreuz in die jeweils zutreffende Spalte ein. Wechselt euch dann ab.

- – – deutliches NEIN, stimme ich nicht zu
- – eher NEIN, stimme ich eher nicht zu
- **0** unentschieden, neutrale Meinung
- \+ eher JA, stimme ich eher zu
- \+ + deutliches JA, stimme ich absolut zu

	Bewertung				
Aussage	+ +	+	**0**	–	– –
Er/sie geht auf fremde Menschen zu.					
Im Rampenlicht zu stehen, fällt ihm/ihr schwer.					
Gelingt ihm/ihr etwas nicht sofort, probiert er/sie es so lange, bis es funktioniert.					
Das Arbeiten am PC bereitet ihm/ihr Schwierigkeiten.					
Er/sie arbeitet gerne in Eigenverantwortung.					
Fremdsprachen liegen ihm/ihr nicht besonders.					
Er/sie kann sich gut schriftlich ausdrücken.					
Arbeitsanweisungen kann er/sie gut behalten.					
Ihm/ihr ist es wichtig, sich im Vorfeld über seine/ihre Aufgaben zu informieren.					
In den ersten Stunden hat er/sie Probleme, sich auf die Arbeit einzulassen und zu konzentrieren.					
Das Ausfüllen von Formularen fällt ihm/ihr leicht.					
Er/sie lernt gerne Neues dazu.					
Ohne lange zu zögern, trifft er/sie Entscheidungen.					
Was er/sie zusagt, hält er/sie ein.					
Um eine Aufgabe zu lösen, setzt er/sie seine/ihre ganze Energie ein.					
Ordnung und Sauberkeit in seinem/ihrem Umfeld sind ihm/ihr besonders wichtig.					
Ein ungepflegtes Erscheinungsbild und rüpelhafte Umgangsformen sind ihm/ihr ein Gräuel.					
Geheimnisse, die man ihm/ihr anvertraut, kann er/sie für sich behalten.					

Aufgabe 3

Tausche mit deinem Partner die Bewertungsbögen aus. Markiert alle Ergebnisse farbig, die übereinstimmen. Bei welchen Aussagen weichen Eigen- und Fremdwahrnehmung voneinander ab? Sucht nach möglichen Gründen und diskutiert darüber. Haltet eure Erkenntnisse schriftlich fest.

Station 4

Name: ______________________

Berufswünsche eingrenzen

Es ist wichtig, seine eigenen Interessen und Wünsche, aber auch seine tatsächlichen Fähigkeiten zu kennen, um diese bei der Berufswahl gezielt zu berücksichtigen.

Aufgabe 1

Versuche, deine Stärken und Schwächen anhand der folgenden Merkmale realistisch einzuschätzen. Trage jeweils ein Kreuz in die Spalten von 1 bis 6 ein. (1 = äußerst wichtig, 6 = absolut unwichtig)

	Bewertung					
Merkmal	**1**	**2**	**3**	**4**	**5**	**6**
körperlich						
Arbeit im Freien						
grobmotorische Tätigkeiten						
feinmotorische Tätigkeiten						
Körperkraft						
gesundheitliche Fitness (Vitalität)						
Reaktionsvermögen						
geistig						
Rechentechniken						
logisches Denken						
Merkfähigkeit						
Konzentrationsfähigkeit						
Ausdrucksvermögen in Wort und Schrift						
Fremdsprachen						
räumliches Vorstellungsvermögen						
Transferleistungen (Wissen auf neue Situationen bzw. Sachverhalte übertragen)						
Allgemeinbildung						
Medienkompetenz						
sozial						
im Team arbeiten (Kooperationsbereitschaft)						
Kritikfähigkeit (Kritik üben und annehmen)						
angemessene Umgangsformen (Etikette)						
Pünktlichkeit						
Zuverlässigkeit						
Verantwortungsbewusstsein						
Toleranz						
Sorgfalt						
Disziplin						

Aufgabe 2

Werte gemeinsam mit deinem Partner die Tabelle aus. Zeichnet sich ein Profil ab? Diskutiert über mögliche berufliche Perspektiven, die sich daraus ergeben.

Station 5

Berufsbilder und Berufsfelder

Name: ______________________

Aufgabe 1

Du hast anhand der Merkmale in Station 4 dein berufliches Profil näher bestimmen können. Versuche nun, mithilfe des Internetportals www.berufenet.arbeitsagentur.de deinem Profil einen passenden Beruf zuzuordnen.

Schreibe hier auf, welchen Beruf du gefunden hast: ______________________________

Wenn du bereits einen passenden Beruf zuordnen konntest, bearbeite die folgenden Aufgaben. Ist dies nicht der Fall, überdenke nochmals deine Ergebnisse aus Station 4.

Aufgabe 2

Welchem Berufsfeld gehört dein gewählter Beruf an? ______________________________

Aufgabe 3

Recherchiere auf www.berufenet.arbeitsagentur.de, welche drei Berufe als Alternativen zu deinem in Aufgabe 1 gewählten Beruf infrage kommen. Schreibe sie hier auf:

____________________ ____________________ ____________________

Aufgabe 4

Fülle mithilfe der Informationen auf www.berufenet.arbeitsagentur.de die folgende Tabelle aus:

Beruf	Aufgaben und Tätigkeiten	Interessen und Fähigkeiten	Benötigter Schulabschluss	Berufsfeld
Maurer				
Erzieher				
Rechtsanwalt				

Station 6

Ausbildungsmessen besuchen

Name: ____________

Interesse am Unternehmen zeigen

Als Personalreferentin vertritt Winnie Haugk ihren Betrieb, die LAMILUX Heinrich Strunz GmbH, jährlich auf vier bis fünf Ausbildungsmessen. Im Interview verrät sie, wie man als Schüler auf Ausbildungsmessen gut ankommt.

planet-beruf.de: Worauf achten Sie bei Jugendlichen, die an Ihren Messestand kommen, besonders?

Winnie Haugk: Ich finde es wichtig, dass die Jugendlichen Interesse an unserem Unternehmen zeigen. Wenn sie sich mit dem Betrieb und den Ausbildungsberufen, die wir anbieten, schon ein bisschen auskennen und gezielt fragen, fällt mir das positiv auf. Auch Auftreten und Ausdrucksvermögen spielen eine große Rolle: Gerade im Gespräch sollte man auf Höflichkeit, Freundlichkeit und Blickkontakt achten. In einem lockeren Gespräch kann man da schon mal seine Kommunikationsstärke unter Beweis stellen.

planet-beruf.de: Welche Kleidung empfehlen Sie?

Winnie Haugk: Egal, für welchen Beruf man sich bewirbt – mit der passenden Kleidung zeigt man ernsthaftes Interesse und Respekt. Freizeitklamotten wie Achselshirts oder kurze Hosen kommen gar nicht gut an. Auch verkleiden muss sich niemand. Mein Tipp: Lieber auf den geborgten Anzug des Vaters verzichten und ein sauberes Hemd und eine Hose bzw. einen Rock anziehen. Im Idealfall unterstreicht das passende Outfit die eigene Persönlichkeit.

planet-beruf.de: Wie beginnt man ein Gespräch an einem Messestand?

Winnie Haugk: Ein guter Einstieg für Jugendliche ist immer die direkte Frage nach Informationen zu einem bestimmten Beruf. Natürlich kann man sich auch ganz allgemein erkundigen, was das Unternehmen herstellt bzw. macht. Clevere haben gleich eine Bewerbungsmappe dabei.

planet-beruf.de: Was kommt eher negativ rüber?

Winnie Haugk: Wenn nur die Eltern reden und der Jugendliche, um den es geht, kaum ein Wort herausbringt. Das spricht nicht gerade für Selbstbewusstsein oder Kommunikationsstärke. Und natürlich: Nicht nur Kugelschreiber sammeln gehen!

planet-beruf.de: Warum ist der Besuch einer Ausbildungsmesse für Jugendliche sinnvoll?

Winnie Haugk: 20 % aller Ausbildungsbewerbungen bekommen wir durch die Anwesenheit auf Ausbildungsmessen. Daran erkennt man schon, dass diese eine sehr gute Gelegenheit bieten, Kontakte zu einem Unternehmen zu knüpfen. Man kann sich über seinen Wunschberuf informieren und lernt darüber hinaus auch noch viele andere Berufe kennen, die man vielleicht vorher nicht in Betracht gezogen hat. Von den Azubis vor Ort erhält man Informationen aus erster Hand. Und: Man kann bereits einen ersten guten Eindruck bei den Personalfachleuten der Firmen hinterlassen. Das erhöht die Chancen auf ein Vorstellungsgespräch.

Station 6

Ausbildungsmessen besuchen

Name: ____________________

Der Besuch einer Ausbildungsmesse ist fest verankert im Berufswahlunterricht bzw. in der Berufsorientierung. Hier kann man Kontakte zu Firmen aus der Region knüpfen, um bestimmte Ausbildungsberufe kennenzulernen, und Informationsmaterial zu Möglichkeiten und Voraussetzungen sammeln.

Aufgabe

Lies dir das Interview auf Seite 16 aufmerksam durch und bearbeite dann folgende Aufgabenstellungen.

a) Welchen Beruf übt Winnie Haugk aus? Informiere dich über ihr Tätigkeitsfeld. Halte die Ergebnisse in Stichpunkten fest.

____

____

____

b) Frau Haugk betont die Notwendigkeit einer Vorbereitung auf den Besuch der Ausbildungsmesse. Was sollte jeder Jugendliche im Vorfeld tun?

____

____

____

c) Unterstreiche im Interview alle Textstellen, in denen soziale Kompetenzen angesprochen werden. Diese gehören zu den Schlüsselqualifikationen.

d) Fasse mit eigenen Worten die genannten Tipps in Bezug auf Kleidung zusammen.

____

____

____

____

e) Fasse noch einmal alle Textstellen zusammen, in denen Verhaltensweisen angesprochen werden, die positive bzw. negative Auswirkungen haben. Arbeite im Heft.

f) Der Besuch einer Ausbildungsmesse erhöht die Chancen, einen passenden Beruf zu finden. Nenne zwei für dich wichtige Argumente, die für den Besuch einer solchen Messe sprechen.

- ______________________________
- ______________________________

Station 1

Verfahren der Betriebserkundung

Name:

Die zwei wichtigsten Verfahren der Betriebserkundung sind Beobachtung und Befragung. Welches Verfahren man einsetzen kann, hängt vom jeweiligen Betrieb und der Branche, der er angehört, ab. Beobachten kann man zum Beispiel Arbeitsbedingungen oder Produktionsabläufe. Durch Befragungen (mit Fragebögen oder Interviews) kann man eher theoretische Dinge wie die Kostenentwicklung oder das soziale Gefüge im Betrieb abklären.

Aufgabe 1

Zu welchem Verfahren der Betriebserkundung gehören die folgenden Stichpunkte jeweils? Trage sie in die entsprechende Tabellenspalte ein.

Bereitschaft zur Auskunft notwendig

Erfassung von tatsächlichem Geschehen

gibt es in schriftlicher, mündlicher und telefonischer Form

gegenwartsgebunden

Interview, Fragebogen

bei Mitarbeitern keine Bereitschaft zur Auskunft erforderlich

Beobachtung	Befragung

Aufgabe 2

Überlege dir gemeinsam mit einem Partner einen Beispielbetrieb (Bäckerei, Bank, …). Wie könnte hier die Befragung bzw. die Beobachtung bei einer Betriebserkundung eingesetzt werden? Notiert eure Ergebnisse stichpunktartig im Heft.

Station 1

Verfahren der Betriebserkundung

Name: ______________________

Man unterscheidet zwischen schriftlicher, mündlicher und telefonischer Befragung. Für die Befragungen sollte immer ein Fragebogen erstellt werden. Bei der schriftlichen Befragung ist es von Vorteil, wenn er ausformulierte Fragen enthält. Bei einem mündlichen Fragebogen genügen meist Stichwörter.

Aufgabe 3

Diskutiert in Kleingruppen die Vor- und Nachteile der verschiedenen Befragungsarten. Notiert eure Ergebnisse stichpunktartig in der Tabelle. Präsentiert sie anschließend der Klasse.

	Vorteile	Nachteile
schriftliche Befragung		
mündliche Befragung		
telefonische Befragung		

Station 2

Name:

Technologischer Aspekt

Bei einer Betriebserkundung kann man sich auf bestimmte Aspekte konzentrieren. Der technologische Aspekt beinhaltet zum Beispiel technische Anlagen und Maschinen, Be- und Verarbeitungsverfahren, die Qualitätskontrolle, Arbeitsformen oder Werkstoffarten.

Aufgabe 1

Markiere die Fragen, die sich auf den technologischen Aspekt eines Betriebes beziehen.

1. Welche Produkte werden in diesem Betrieb hergestellt?
2. Welche Lehrberufe werden hier angeboten?
3. Wem gehört das Unternehmen?
4. Wie verläuft der Produktionsweg?
5. Gibt es in diesem Betrieb ein besonderes Herstellungsverfahren?
6. Wie viele Arbeiter sind in diesem Betrieb beschäftigt?
7. Welche Rohstoffe werden verwendet?
8. Was bedeutet der Betrieb für die Region?

Aufgabe 2

a) Entwickelt in Partner- oder Gruppenarbeit einen Fragebogen, der mindestens sechs Fragen zum technologischen Aspekt eines Betriebes enthält.
Überlegt euch gegebenenfalls einen Beispielbetrieb, an dem ihr eure Fragen orientiert.

b) Welche eurer Fragen können durch Beobachtung, welche nur durch Befragung von Mitarbeitern beantwortet werden?

Station 3

Betriebswirtschaftlicher Aspekt

Name: ______________________

Bei einer Betriebserkundung kann man sich auf bestimmte Aspekte konzentrieren. Der betriebswirtschaftliche Aspekt beleuchtet unter anderem den Aufbau (Welche Bereiche / Abteilungen gibt es?, Was gehört zum Sortiment?), die Funktionsgliederung (Wer übernimmt welche Leitungsaufgaben?), die regionale Stellung, den Zweck und die Umsatzentwicklung des Betriebes.

Aufgabe 1

Markiere die Aussagen, die dem betriebswirtschaftlichen Aspekt des Unternehmens zuzuordnen sind.

Herr Schmalenstein ist seit Jahren Geschäftsführer eines erfolgreichen Pizzaherstellers. In einer Zeitschrift wurde ein Artikel von ihm veröffentlicht. Hier einige Auszüge:

[...] Seit vielen Jahren leite ich nun dieses Unternehmen. Vor allem im letzten Jahr jedoch konnte der Umsatz nahezu verdoppelt werden. Dies liegt natürlich an der guten Zusammenarbeit aller Abteilungen des Unternehmens.
Allein in Deutschland haben wir mittlerweile einen Umsatzmarktanteil von rund 32 % erreicht.
Für uns steht der Kunde im Mittelpunkt. Unsere 1300 Mitarbeiter bemühen sich jeden Tag, die Ansprüche unserer Kunden zu erfüllen.
Seit nunmehr 35 Jahren existiert dieses Unternehmen. Unser Angebot reicht von der traditionellen Pizza Margherita bis hin zur Pizza Salsa oder auch der knackigen Pizza Taco. Hier dürfte für jeden etwas dabei sein.
In den letzten Jahren rückte unter anderem der Umweltaspekt immer weiter in den Vordergrund. Daher kann ich auch für unser Unternehmen ein umweltschonendes Produktionsverfahren garantieren. Die Zufriedenheit unserer Angestellten spricht zudem für unsere vorbildlichen Arbeitsbedingungen [...]

Aufgabe 2

Lies den folgenden Text aufmerksam durch. Prüfe Herrn Borgers Geschäftsidee unter dem betriebswirtschaftlichen Aspekt. Ist sein Vorhaben realistisch? Begründe deine Antwort.

Herr Borger möchte ein eigenes Pizza-Schnellrestaurant eröffnen. Er mietet einen teuren Raum in einer belebten Durchfahrtsstraße. In dieser Straße gibt es bereits eine Pizzeria, einen Imbiss und einen Döner-Stand. Herr Borger stellt fünf Angestellte ein: einen Koch, zwei Bedienungen, eine Bürokraft und einen Fahrer. Er selbst ist schließlich der Chef. Er bietet drei Sorten Pizza an, außerdem kann man Getränke in Dosen kaufen.

Herr Borgers Geschäftsidee ist betriebswirtschaftlich gesehen realistisch / unrealistisch, weil ...

____

____

____

____

Station 4

Sozialer Aspekt

Name:

Bei einer Betriebserkundung kann man sich auf bestimmte Aspekte konzentrieren. Der soziale Aspekt beinhaltet zum Beispiel Arbeitsbedingungen, Sozialleistungen, Arbeitszeiten, die Leistungsbewertung und den Lohn der Mitarbeiter.

Aufgabe

Bildet Kleingruppen und wählt jeweils eines der folgenden Themen aus, die alle zum sozialen Aspekt gehören:

- Arbeitsbedingungen
- Betriebsrat / Personalrat
- Sozialleistungen
- Arbeitszeitmodelle

Holt dann Informationen zu eurem gewählten Thema im Internet ein oder benutzt Nachschlagewerke. Verwendet die unten stehende Tabelle, um eure Ergebnisse festzuhalten.
Präsentiert zum Schluss euer Thema in der Klasse.

gewähltes Thema:	
Gruppenmitglieder:	
verwendete Informationsquellen:	
gefundene Informationen in Stichpunkten:	

Station 5

Name: ______________________

Berufsorientierter Aspekt

Bei einer Betriebserkundung kann man sich auf bestimmte Aspekte konzentrieren. Der berufsorientierte Aspekt gibt Auskunft über im Betrieb vorkommende Berufe, typische Tätigkeiten, Ausbildungsformen, Einstellungskriterien und die benötigte schulische Vorbildung.

Aufgabe 1

Erstelle einen Fragebogen mit sechs Fragen, die sich auf den berufsorientierten Aspekt eines Unternehmens beziehen.

Fragebogen zum berufsorientierten Aspekt eines Unternehmens

1. ____

____

2. ____

____

3. ____

____

4. ____

____

5. ____

____

6. ____

____

Aufgabe 2

Recherchiere auf der Homepage von McDonald's (www.mcdonalds.de) Informationen über den berufsorientierten Aspekt des Unternehmens.
Versuche dann, deinen Fragebogen mithilfe der Ergebnisse beispielhaft zu beantworten.

Station 6

Ökologischer Aspekt

Name: ______________________

Bei einer Betriebserkundung kann man sich auf bestimmte Aspekte konzentrieren. Der ökologische Aspekt beinhaltet umweltschonende Produktionsverfahren, durch die Produktion verursachte Umweltbelastungen und den Energiebedarf des Unternehmens. Außerdem beinhaltet er Maßnahmen, die zum Schutz der Umwelt ergriffen werden (z. B. Recycling) und die damit verbundenen Kosten.

Aufgabe 1

Der ökologische Aspekt kann in sämtlichen Unternehmen und Institutionen, in denen Menschen arbeiten, berücksichtigt werden. Überlegt gemeinsam im Klassenverband, inwiefern dies auch bei euch an der Schule möglich ist.
Notiert eure Ergebnisse in Stichpunkten:

- ______________________
- ______________________
- ______________________
- ______________________
- ______________________
- ______________________

Aufgabe 2

Erstellt nun gemeinsam einen Fragebogen, der wichtige Themen des ökologischen Aspekts abklärt. Die folgenden Stichworte können euch helfen:

Abwasser

Luftverschmutzung

Umweltschutzmaßnahmen

Produktionsabfälle

Recycling

Zertifikate

Energiebedarf

Kosten

umweltschonende Produktionsverfahren

Station 7

Name: ______

Konsumentenaspekt

Bei einer Betriebserkundung kann man sich auf bestimmte Aspekte konzentrieren. Der Konsumentenaspekt deckt Bereiche ab wie Werbung, Qualität und Qualitätssicherung, Warensortiment und Preispolitik.

Aufgabe 1

Die folgenden Werbeslogans waren sehr erfolgreich, weil sie vielen Menschen im Kopf geblieben sind. Weißt du, zu welcher Marke sie jeweils gehören? Schreibe die Markennamen auf die Linien.

Just do it! ______

ich liebe es. ______

Quadratisch. Praktisch. Gut. ______

Nichts ist unmöööööglich. ______

Die zarteste Versuchung, seit es Schokolade gibt. ______

Aufgabe 2

Warum waren diese Slogans so erfolgreich? Überlegt in Kleingruppen und haltet eure Ergebnisse stichpunktartig fest.

Aufgabe 3

Entwickelt dann gemeinsam einen eigenen Werbeslogan für ein Produkt eurer Wahl. Beachtet dabei folgende Aspekte:

- Wer ist die Zielgruppe? (Wer soll das Produkt kaufen?)
- Was ist die Kernbotschaft? (Welches Gefühl soll durch die Werbung bzw. das Produkt vermittelt werden?)
- Wo soll die Werbung erscheinen? (Welche Medien sollen verwendet werden?)

Stellt euren Slogan der Klasse vor. Wie lautet er?

______

Station 8

Name: ____________________

Ablauf der Erkundung

Bei einer einzigen Betriebserkundung können meist nicht alle Aspekte berücksichtigt werden. Am besten setzt ihr Schwerpunkte, die für den jeweiligen Betrieb am sinnvollsten sind.

Aufgabe

Bei dem folgenden Ablaufplan für die Vorbereitung, Durchführung und Nachbereitung einer Betriebserkundung sind leider die einzelnen Punkte durcheinandergeraten. Nummeriere sie in der richtigen Reihenfolge und trage jeweils die fehlenden Überschriften ein.

____

- ☐ Beobachtungs- und Befragungstechniken üben
- ☐ Ziele der Betriebserkundung festlegen
- ☐ Beobachtungs- und Befragungsschwerpunkte festlegen
- ☐ Arbeitsmittel besorgen (Tonaufnahmegerät, Kamera, Fotoapparat, …)
- ☐ Erkundungsunterlagen entwickeln (Beobachtungsleitfaden, Fragebogen)
- ☐ Informationen über den Betrieb einholen
- ☐ Verhalten im Betrieb klären
- ☐ Besuch anmelden

____

- ☐ Beobachtung
- ☐ Begrüßung / Vorstellung des Betriebs
- ☐ kostenlose Proben, Flyer, Prospekte oder Fotos mitnehmen
- ☐ Verabschiedung
- ☐ Betriebsangehörige interviewen
- ☐ Erkundungsgang

____

- ☐ Ergebnispräsentation
- ☐ Erkundungsdokumentation anfertigen
- ☐ Auswertung der Erkundungsunterlagen
- ☐ schriftliche Danksagung an den Betrieb evtl. mit beigefügter Erkundungsdokumentation bzw. Einladung zur Ergebnispräsentation

Station 1

Einen Praktikumsplatz suchen

Name: ______________________

Praktika werden in der Regel nicht bezahlt. Auch müssen sicherlich ab und zu weniger spannende Arbeiten erledigt werden. Es überwiegen jedoch die positiven Aspekte eines Praktikums: Du lernst die Branche kennen, übernimmst Verantwortung und sammelst Erfahrungen und Kontakte.

Aufgabe 1

Überlege, auf welchem Weg du einen Praktikumsplatz finden kannst.
Notiere deine Ideen in Stichpunkten:

Aufgabe 2

In welchem Bereich würdest du gern ein Praktikum absolvieren?
Suche dann Betriebe in deiner Nähe, die für ein solches Praktikum infrage kommen.
Nutze dafür die in Aufgabe 1 gesammelten Ideen.

Ich würde gerne ein Praktikum im Bereich ______________ absolvieren.

Dafür kommen folgende Betriebe in Betracht:

- ______________________
- ______________________
- ______________________
- ______________________

So habe ich diese Betriebe gefunden:

____

____

____

____

Station 2

Vorstellung in einem Betrieb

Name: ______________________

Du hast dich für einen Betrieb entschieden und möchtest wissen, ob dort ein Praktikum überhaupt möglich ist. Doch wie machst du das am besten?

Aufgabe 1

Der folgende Dialog zeigt dir, wie Sarah sich um einen Praktikumsplatz kümmert.
Würdest du Sarah zu einem Vorstellungsgespräch einladen?
Markiere die Stellen, an denen du etwas anders gemacht hättest.

Sarah möchte ein Praktikum in einer Zahnarztpraxis machen. Eigentlich war das ja die Idee ihrer Mutter. Aber Sarah nimmt allen Mut zusammen und ruft in der Praxis an:

- „Praxis Dr. Wackelts, Jutta Hermann, was kann ich für Sie tun?"
- „Hallo, ich muss ein Praktikum machen und meine Mutter sagt, dass das bei Ihnen bestimmt geht."
- „Ja, wir nehmen häufig Praktikanten. Warum möchtest du denn gerne zu uns?"
- „Hmm, äh, das weiß ich jetzt auch nicht so genau. Ich wollte mir das halt mal so anschauen."
- „Ach so, na gut. Dann komm doch erst einmal morgen Mittag hier vorbei, damit wir uns persönlich kennenlernen."
- „Ja, okay. Eine Frage hab' ich noch: Wie viel verdient man denn bei Ihnen?"
- „Wir bezahlen unseren Praktikanten eigentlich nichts. Möchtest du trotzdem morgen herkommen?"
- „Ja, doch. Bis morgen dann."
- „Moment noch … verrätst du mir auch deinen Namen, damit ich den Termin eintragen kann?"
- „Ich heiße Sarah Schneider."
- „Bis morgen dann, Sarah!"
- „Tschüss!"

Aufgabe 2

Was hättest du anstelle von Sarah am Telefon gesagt? Notiere hier deine Verbesserungsvorschläge.

____

____

____

____

____

____

Vorstellung in einem Betrieb

Name: ____________________

Aufgabe 3

- Übt zu zweit die Vorstellung in einem Betrieb: Einer von euch übernimmt die Rolle des Bewerbers, der andere die des Arbeitgebers.
- Lest zunächst die Tipps im Kasten unten und versucht, diese bei eurem Gespräch zu berücksichtigen. Führt dann das Gespräch durch.
- Besprecht danach, was gut gelungen war und welche Punkte ihr noch verbessern müsst.
- Spielt das Gespräch dann noch einmal durch, aber mit vertauschten Rollen.

TIPPS für die persönliche Vorstellung

- persönliches Erscheinen
- gepflegtes, sauberes Äußeres
- freundlich sein und lächeln
- sich mit Namen vorstellen und Interesse an einem Praktikumsplatz bekunden
- Begründung parat haben, wieso man gerade in diesem Betrieb ein Praktikum absolvieren möchte
- Dauer des Praktikums mitteilen
- die Schule nennen

TIPPS für die Vorstellung am Telefon

- sich mit Namen vorstellen und Interesse an einem Praktikumsplatz bekunden
- sich den Namen seines Gesprächspartners merken und ihn / sie direkt ansprechen
- Begründung parat haben, wieso man gerade in diesem Betrieb ein Praktikum absolvieren möchte
- Dauer des Praktikums mitteilen
- die Schule nennen

Aufgabe 4

Was sind die wichtigsten Stolperfallen bei einer Vorstellung in einem Betrieb?
Was sollte man auf jeden Fall vermeiden?
Haltet eure gewonnenen Erkenntnisse hier fest und besprecht sie anschließend in der Klasse.

____

____

____

____

____

____

Station 3

Das Praktikum beginnt

Name: ____________________

Der Praktikumsplatz ist sicher und nun geht es endlich los! Aber um wirklich fit für den Start ins Praktikum zu sein, sollte man ein paar Dinge beachten.

Aufgabe

Im Suchsel sind insgesamt 7 Begriffe versteckt, die du beim Praktikumsstart unbedingt beachten solltest. Markiere sie.

H	Ö	F	L	I	C	H	K	E	I	T	A	S	D	P	F
R	T	R	Z	U	I	O	P	Ü	A	S	D	F	G	Ü	T
W	G	E	P	F	L	E	G	T	H	E	I	T	I	N	G
E	R	U	H	H	J	K	L	Ö	Ä	A	S	D	F	K	H
Q	R	N	E	R	T	Z	U	I	O	V	B	N	M	T	J
A	D	D	Q	W	E	D	F	V	B	N	M	T	Z	L	K
Y	R	L	Ä	C	H	E	L	N	K	J	H	G	F	I	Z
X	T	I	H	G	F	D	S	J	H	G	F	D	S	C	T
C	Z	C	C	D	E	V	F	R	B	G	T	B	H	H	R
V	U	H	Q	E	T	U	I	J	G	J	F	Z	U	K	E
B	T	K	A	L	L	E	T	B	E	G	R	Ü	ß	E	N
K	L	E	I	D	U	N	G	M	K	L	Ö	A	Ä	I	W
K	L	I	I	X	W	N	G	Q	Ü	W	P	E	O	T	E
Q	W	T	R	O	T	I	Z	U	A	Ä	S	Ö	D	R	Z
D	F	N	F	K	F	J	G	H	Y	M	X	N	C	E	T

Welche Begriffe hast du gefunden? Schreibe sie hier auf:

____

____

____

Station 4

Name: ____________________

Erwartungen des Betriebes

Aufgabe

Ergänze den Text mit den Wörtern aus dem Kasten.

pünktlich – Praktikum – Interesse – Ordnung – abgelehnt – Erfahrungen – Schulveranstaltung – haftpflichtversichert – Gast – Rückmeldung – Prospekte – nachzufragen – Konflikten – Praktikumsbetreuer – Praktikumsmappe – Schule – Ausbildungsberuf – Unfallvorschriften – bedanken

Luis ist ganz aufgeregt, denn heute beginnt sein ____________________.

Er hat sich aber bestens vorbereitet: Luis hat sich ausführlich über seinen Praktikumsbetrieb und den ____________________ informiert. Dafür hat er sich ____________________ des Betriebs und auch die Homepage angesehen. Er weiß nun ziemlich viel über den Betrieb und auch, was in dem von ihm angestrebten Beruf alles verlangt wird.

Luis ist bewusst, dass er nur zu __________ in der Firma ist. Natürlich nimmt er sich vor, immer ____________________ zu erscheinen. Außerdem will er auf Sauberkeit und ____________________ achten. Dazu gehört auch, dass er seine Sachen nicht irgendwo herumliegen lässt, sondern immer gleich alles wegräumt.

Ein Angestellter hat ihm bei seinem letzten Besuch im Betrieb in der Pause eine Zigarette angeboten. Klar, Luis will gerne dazugehören und fühlte sich auch irgendwie geschmeichelt, dass er schon für so erwachsen gehalten wird. Trotzdem hat er die Zigarette ____________________. Schließlich ist das Praktikum eine ____________________ und da gilt Rauch- und Alkoholverbot!

Luis ist natürlich auch unfall- und ____________________. Sollte Luis einmal krank sein und kann nicht im Betrieb erscheinen, muss er natürlich sofort den Betrieb und die ____________________ informieren, selbstverständlich *vor* Arbeitsbeginn.

Vor dem Praktikum

Station 4

Name: ______________________

Erwartungen des Betriebes

Luis hat ein bisschen Angst, dass er vielleicht einmal nicht versteht, was er tun soll. Da hilft natürlich nur ______________________. Das zeigt den Kollegen auch gleichzeitig sein ______________________ an der Arbeit.

Sollte es jedoch einmal zu ______________________ kommen, weiß Luis, wie er zu reagieren hat: Er bleibt immer freundlich und versucht zunächst, den Konflikt selbst zu lösen. Sollte dies nicht gelingen, hat er einen ________________________ im Betrieb, an den er sich wenden kann. Zusätzlich ist auch immer noch seine Klassenlehrerin eine Ansprechpartnerin, die ihm zur Seite steht.

Seine ____________________________ und die Berichte für den Betrieb will er immer sofort und korrekt ergänzen.

Nach Erledigung der Arbeiten nimmt sich Luis vor, seinem Betreuer von sich aus ______________________ zu geben und nach weiterer Arbeit zu fragen. Es sieht sicherlich nicht sehr motiviert aus, wenn er nur herumsteht und darauf wartet, dass ihn jemand anspricht.

Er muss unbedingt daran denken, die Sicherheits- und ____________________________ des Betriebes zu beachten, denn es gibt Maschinen, die er nur mit ausdrücklicher Anweisung bedienen darf!

Für den letzten Tag hat er sich vorgenommen, sich bei allen Mitarbeitern und seinem Betreuer zu

__________________________.

Hoffentlich wird ihm das Praktikum gefallen. Aber selbst wenn nicht, wird er viele

________________________ sammeln können und einiges dabei lernen.

Station 5

Der Praktikumsbericht

Name: ______________________

Während deines Praktikums sollst du einen Praktikumsbericht schreiben. Doch was genau ist das? Und warum ist es eigentlich notwendig?

Aufgabe 1

Suche dir einen Partner. Überlegt gemeinsam, was in einem Praktikumsbericht festgehalten werden könnte:

____

____

____

____

____

____

____

____

____

____

Aufgabe 2

Warum ist es sinnvoll, einen Praktikumsbericht zu schreiben? Prüft gemeinsam die folgenden Aussagen und kreuzt die richtigen an.

- ☐ Erfahrungen können durchdacht, ausgewertet und notiert werden.
- ☐ Einsichten, Fähigkeiten und Kenntnisse lassen sich besser behalten, wenn sie aufgeschrieben werden.
- ☐ Beim Verfassen eines Berichts kann man sich nochmal in Ruhe Gedanken machen, ob der Wunschberuf infrage kommt oder eher nicht.
- ☐ Die Forderung nach einem Praktikumsbericht soll die Schüler unter Stress setzen, um zu überprüfen, wie sie damit umgehen.
- ☐ Der Praktikumsbericht dient als Bewertungsgrundlage. Anhand der schriftlichen Ausführungen lässt sich erkennen, wie wichtig dem Praktikanten das Praktikum gewesen ist.
- ☐ Der Praktikumsbericht ist als Andenken für die Eltern gedacht.

Station 6

Die äußere Form

Name: ______________________

Dein Praktikumsbericht ist für dich eine Erinnerung; in ihm hältst du deine Erlebnisse und Erkenntnisse fest. Zudem wird er von deinem Praktikumsleiter benotet. Für eine gute Note kommt es nicht nur auf den Inhalt des Berichtes an, sondern auch auf seine äußere Form.

Aufgabe 1

Was gehört deiner Meinung nach zu einer gelungenen Gestaltung des Praktikumsberichts? Kreuze an.

- ☐ Ich hefte die einzelnen Blätter in einem Schnellhefter geordnet ab.
- ☐ Ich nehme die Blätter einzeln mit in den Betrieb. Sie verknicken.
- ☐ Ich frage nach, ob ich Mitarbeiter und Tätigkeiten fotografieren darf und ob mich jemand beim Verrichten einiger Tätigkeiten fotografiert. Ich füge einige Fotos dem Materialanhang bei.
- ☐ Ich schreibe den Bericht mit der Hand. Meine Handschrift ist sehr unleserlich.
- ☐ Vieles schreibe ich auf dem PC. Dabei benutze ich immer die gleiche Schriftgröße (Schriftgrad 12), einen Zeilenabstand von 1 ½ und die gleiche Schrift (z. B. Arial). Überschriften sind größer und fett gedruckt.
- ☐ Wenn ich mit der Hand schreibe, benutze ich immer einen gleichfarbigen Stift (keinen Bleistift).
- ☐ Ich frage nach, ob der Betrieb über eine Informationsbroschüre verfügt. Falls ja, packe ich sie mit in den Materialanhang.
- ☐ Es reicht aus, wenn ich alle Blätter lose in eine Mappe lege und diese dem Praktikumsleiter gebe.
- ☐ Fotos habe ich keine gemacht. Ich habe im Betrieb ja alles gesehen.

Station 6

Die äußere Form

Name:

Aufgabe 2

Gestalte nun das Deckblatt deines Praktikumsberichtes. Fertige hier eine Skizze an, nutze dann zur Fertigstellung den PC.

Auf das Deckblatt gehören:

- Titel (Praktikumsbericht)
- Praktikum als (Berufsbild) in der Zeit vom ...... bis ....
- Name des Betriebes, Anschrift, Telefonnummer, E-Mail
- dein Name, Anschrift, Telefonnummer, E-Mail
- Name der Schule, Anschrift, Telefonnummer, Klasse

Station 7

Name: ____________

Umfang und Inhalt

Hier siehst du ein Beispiel dafür, wie ein Praktikumsbericht aufgebaut sein könnte. Alle wichtigen Punkte sind darin enthalten. Du kannst dieses Beispiel als Vorlage nutzen und durch deine eigenen Ideen ergänzen.
Manchmal kann es sein, dass ein Thema nicht zu deinem Praktikum oder deinem Betrieb passt. Lasse es dann einfach weg und überlege dir eine passende Alternative.

Inhaltsverzeichnis

	Seite
1. Mein Praktikum – Wünsche und Erwartungen	____
2. Fragebogen zu meinem Praktikumsbetrieb	____
3. Rechtliche Aspekte – Sicherheitsbestimmungen und Jugendschutz	____
4. Mein erster Eindruck / der erste Arbeitstag	____
5. Tagesberichte	____
6. Mein Berufsbild (Arbeitsvorgangsbeschreibung)	____
7. Fragen an meinen Praktikumsbetreuer zum Ausbildungsberuf	____
8. Mein Praktikum im Rückblick – Erfahrungen, Selbsteinschätzung	____
9. Beurteilungsbogen durch den Praktikumsbetrieb	____
10. Materialanhang	____

Aufgabe

a) Gibt es weitere Punkte, die in deinem Bericht enthalten sein sollten?

____

____

____

b) Erstelle nun selbst ein Inhaltsverzeichnis. Nutze den PC, damit du es während deines Praktikums immer wieder verändern kannst. Wenn dein Bericht fertig ist, nummeriere die Berichtsblätter fortlaufend und trage die Seitenzahlen im Inhaltsverzeichnis ein.

Station 8

Meine Wünsche und Erwartungen

Name:

____

Aufgabe 1

Moritz hat vor einigen Wochen sein erstes Praktikum in einer Schreinerei absolviert. Insgesamt hat es ihm gut gefallen. Nur den ersten Tag hatte er sich etwas anders vorgestellt – zu Recht ...

Am Montag war es so weit: Ich freute mich riesig auf mein Praktikum in der Schreinerei und kam morgens aufgeregt und wie vereinbart pünktlich um kurz vor acht dort an. Leider war die Eingangstür verschlossen und weder der Chef noch die beiden Mitarbeiter waren zu sehen. Also setzte ich mich auf die Treppe und wartete ... Irgendwann kam dann der Chef. Er hatte vergessen, dass ich heute meinen ersten Praktikumstag hatte! Die beiden Mitarbeiter waren bereits um sieben Uhr zu einer Baustelle gefahren. Der Chef, Herr Schmidt, schien sich über meine Anwesenheit nicht wirklich zu freuen. Er bat mich, auf einem Stuhl im Büro zu warten. Das tat ich dann auch ...
Erst nach einer Stunde, nachdem er Kaffee getrunken und telefoniert hatte, fiel ihm anscheinend ein, dass ich auch noch da war! Unfreundlich teilte er mir mit, dass ich doch schon mal die Halle fegen könnte. Schade, ich hätte so gerne erst mal den Betrieb kennengelernt und eine Führung bekommen. Als ich ihn darauf ansprach, sagte er, dass er dafür jetzt keine Zeit hätte. Er verschwand wieder in seinem Büro und ich stand alleine da.
Also begann ich damit, die riesige Halle zu fegen. Doch wo genau sollte ich fegen? Überall? Ich fing im größeren Teil der Halle an. Es war sehr eintönig. Und außerdem musste ich um große Holzstapel herumfegen, weil sie sich einfach nicht zur Seite schieben ließen. Gegen Mittag kam Herr Schmidt dann wieder und schimpfte, dass der hintere Teil der Halle nicht richtig sauber wäre. Ich wollte ihm noch erklären, dass ich die schweren Holzplatten alleine nicht hätte verschieben können, da sagte er bereits zu mir, dass ich für heute Feierabend machen könnte. Er müsste jetzt auch auf die Baustelle fahren ...
Ich freute mich nicht wirklich auf den nächsten Tag und überlegte bereits, das Praktikum nach nur einem Tag zu beenden. Doch gleich aufgeben wollte ich auch nicht, sodass ich mir vornahm, gleich zu Beginn des nächsten Tages das Gespräch mit meinem Chef zu suchen. Zum Glück kam dann alles anders ...
Ansonsten hätte ich meinen Praktikumsbetreuer gefragt, wie es weitergehen soll.

a) Lies Moritz' Bericht vom ersten Praktikumstag genau durch. Unterstreiche, was nicht so gut gelaufen ist.
b) Notiere in Stichpunkten auf einem Blatt, was Moritz von seinem Chef hätte erwarten können.

Aufgabe 2

Notiere für deinen Praktikumsbericht Wünsche und Erwartungen, die du an deinen Betrieb hast: Was möchtest du über den Beruf / Betrieb erfahren, warum hast du dich für diesen Beruf / Betrieb entschieden? Arbeite mit dem PC.

Vor dem Praktikum

Station 1

Fragebogen zum Praktikumsbetrieb

Name: ______________________

Aufgabe

a) Gestalte mit dem Computer (Programm Word) einen Fragebogen zu deinem Praktikumsbetrieb. Die folgenden Stichpunkte und Fragen sollen dir dabei helfen. Natürlich kannst du auch noch andere Punkte hinzufügen, die dir wichtig erscheinen.
b) Versuche, die Fragen zu beantworten. Dein Chef, die Mitarbeiter oder dein Praktikumsleiter helfen dir sicherlich gern dabei.

Wenn die Firma eine Internetseite hat, kannst du auch dort recherchieren.

- Wie lauten Name und Anschrift des Betriebes?
- Wie sieht das Firmenlogo aus?
- Wer hat den Betrieb gegründet?
- Wo sitzt das Hauptunternehmen? Gibt es Zweigstellen? Wenn ja, wo?
- Branche des Betriebes (z. B. Dienstleistung, Handel, Handwerk, Industrie, Verwaltung, ...)
- Welche Produkte werden hergestellt? / Welche Dienstleistungen werden angeboten?
- Welche Abteilungen / Bereiche gibt es?
- Wie sind die Arbeitszeiten geregelt?
- Wie viele Mitarbeiter (m / w) gibt es?
- Welche Berufe / Ausbildungsberufe gibt es?
- Wie viele Auszubildende sind in der Firma?
- Zu welcher Abteilung gehört mein Praktikumsberuf?
- Wie heißt die Ausbildung zu meinem Praktikumsberuf?
- Wie viele Auszubildende (m / w) hat dieses Berufsbild im Betrieb?
- Besonderheiten des Unternehmens

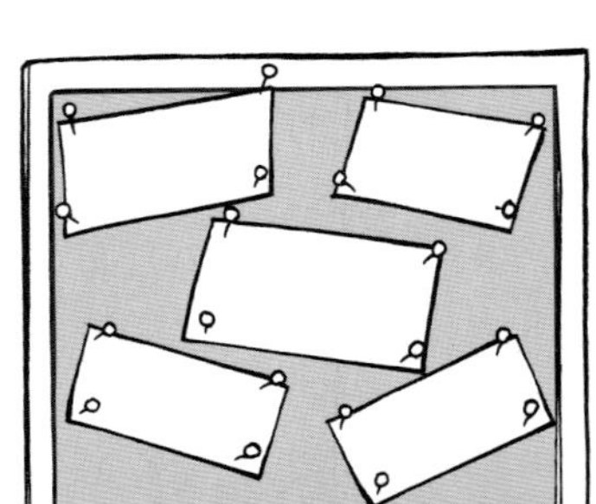

Station 2

Rechtliche Aspekte – Sicherheitsbestimmungen

Name:

Sicherheit und Unfallverhütung gehen vor! Damit keine Arbeitsunfälle passieren, gibt es in jedem Betrieb Bestimmungen, Vorschriften und Sicherheitskennzeichen, an die sich jeder halten muss.

- Halte dich immer an die Vorgaben des Betriebes sowie an die Anweisungen der Betreuer.
- Setze niemals allein eine Maschine in Gang.
- Trage die vorgeschriebene Schutzkleidung.

Aufgabe

a) Informiere dich im Internet (z. B. bei Wikipedia), welche Sicherheitskennzeichen es gibt und was sie bedeuten.

b) Finde heraus, welche Sicherheitskennzeichen an deinem Arbeitsplatz von Bedeutung sind. Ordne sie hier ein, indem du die Symbole nachzeichnest, und schreibe ihre Bedeutung daneben.

Verbotszeichen (Form: rund, Farbe: rot / schwarz)

Gebotszeichen (Form: rund, Farbe: blau)

Warnzeichen (Form: dreieckig, Farbe: schwarz / gelb)

Gefahrensymbole (Form: quadratisch, Farbe: orange)

Brandschutzzeichen (Form: quadratisch, Farbe: rot)

Rettungszeichen (Form: rechteckig, Farbe: grün)

Station 3

Rechtliche Aspekte – Jugendarbeitsschutz

Name:

Das Jugendarbeitsschutzgesetz (JArbSchG) soll arbeitende Kinder (unter 15 Jahren) und Jugendliche (zwischen 15 und 18 Jahren) vor Ausbeutung und Willkür schützen. Auch während des Betriebspraktikums muss der Arbeitgeber bestimmte Regeln zum Jugendschutz einhalten, u. a. die Dauer der Arbeitszeit (§ 8), die Einhaltung von Ruhepausen (§ 11), die Nachtruhe (§ 14), die Fünf-Tage-Woche (§ 15) und die Samstagsruhe (§ 16). Auch dürfen Kinder und Jugendliche keine gefährlichen Arbeiten (§ 22) verrichten.

§ § §

Aufgabe 1

Damit du zu Beginn deines Praktikums gut informiert bist, besorge dir im Internet die Inhalte des Jugendarbeitsschutzgesetzes, insbesondere der oben genannten Paragrafen.
In welchen der folgenden Fälle verstößt der Arbeitgeber gegen das Jugendarbeitsschutzgesetz? Kreuze an.

☐ Marie muss heute sechs Stunden arbeiten. Nach drei Stunden soll sie 30 Minuten Pause machen.

☐ Moritz macht ein Praktikum in einer Gärtnerei. Er soll morgens früh um 5.30 Uhr beginnen.

☐ In Lottas Firma sind viele Aufträge zu erledigen: Sie soll sechs Tage in der Woche arbeiten kommen.

☐ Diese Woche hat Lasse an jedem der fünf Arbeitstage 9,5 Stunden gearbeitet.

☐ Bei Ranias Betriebspraktikum soll der Arbeitstag in der Backstube um 4 Uhr früh beginnen. (Rania ist 17.)

☐ Jonas muss mit der Firma am Samstag die restlichen Malerarbeiten ausführen.

☐ Valentin soll einem Mitarbeiter beim Durchbrechen einer Wand behilflich sein. (In der Firma gibt es nur für die festen Mitarbeiter einen Gehörschutz.)

☐ Lina soll auch am Samstag im Friseurladen arbeiten. Dafür hat sie Montag frei.

☐ In Neles Betrieb ist Stress angesagt: Sie arbeitet täglich acht Stunden und macht mittags eine halbe Stunde Pause.

Aufgabe 2

Bei Maxi (16) und Sophie (15) beginnt nächste Woche das Betriebspraktikum. Maxi wird ihr Praktikum in der Backstube eines Bäckers absolvieren.
Sophie will den Beruf des Landschaftsgärtners kennenlernen.
In welchem Rahmen dürfen Maxi und Sophie jeweils arbeiten?
Notiere stichwortartig, was beachtet werden muss.
Arbeite im Heft.

Station 4

Name: ____________________

Der erste Praktikumstag

Aufgabe 1

Dein erster Praktikumstag ist nun vorbei. Notiere in Stichworten, was du heute erlebt und erfahren hast. Nutze die unten stehende Vorlage.

Begrüßung, Mitarbeiter, Pause, Materialien, Maschinen, Umgebung, Gespräche, Tätigkeiten, Hilfestellungen, Hinweise, Arbeitskleidung

Datum: ______________________

Arbeitsbeginn: __________ Uhr

__________ Uhr: ____

__________ Uhr: ____

__________ Uhr: ____

__________ Uhr: ____

__________ Uhr: ____

__________ Uhr: ____

__________ Uhr: ____

__________ Uhr: ____

__________ Uhr: ____

__________ Uhr: ____

__________ Uhr: ____

Arbeitsende: __________ Uhr

Aufgabe 2

Wie war dein erster, spontaner Eindruck? Wie hast du dich gefühlt?
Beschreibe kurz, was du empfunden hast.

____

____

____

Tagesberichte schreiben

Name: ____________________

Der Tagesbericht hält die wichtigsten Dinge fest, die du an einem Arbeitstag erlebt und gelernt hast. Er gibt dir einen Überblick, welche Tätigkeiten du allein ausführen kannst, was dir Spaß macht bzw. keine Freude bereitet oder bei welchen Arbeiten du noch Hilfe benötigst. So könnte dein Tagesbericht aufgebaut sein:

Tagesbericht

Datum: ____________

1) Arbeitsbeginn: __________ Uhr

2) Begrüßung durch: ______________________________

3) Ausgeführte Tätigkeiten am Vormittag:
(Tätigkeiten, Ort, Dauer, Mitarbeiter, benutztes Werkzeug, Material, Hilfestellungen, ...)

____

____

4) Mittagspause: __________ Uhr

5) Ausgeführte Tätigkeiten am Nachmittag: (s.o.)

____

____

6) Arbeitsende: __________ Uhr

7) Eindrücke des Tages (Erfolge, evtl. Probleme), Fragen

____

____

Selbstverständlich kannst du weitere Inhalte, die für dich wichtig sind, ergänzen.

Aufgabe

Gestalte am PC deine eigene Vorlage für einen Tagesbericht.
Fülle einen solchen Tagesbericht für jeden einzelnen Tag deines Praktikums aus. Schreibe entweder direkt am PC in deine Vorlage hinein oder drucke dir deine Vorlagen blanko aus und notiere handschriftlich.
Schreibe stichpunktartig oder in ganzen Sätzen.

Station 6

Mein Berufsbild – Arbeitsvorgangsbeschreibung

Name: ____________________

Aufgabe 1

Du hast dich für das Berufsbild ______________________________ entschieden.

1. Welche Tätigkeiten führst du in deinem Beruf hauptsächlich aus?

   ____

   ____

2. Mit wem oder was (Menschen, Material, Werkzeug, ...) arbeitest du überwiegend?

   ____

   ____

3. Bist du dabei besonderen Gefahren ausgesetzt? Wenn ja, welchen?

   ____

   ____

4. Welche Voraussetzungen (schulische, soziale, handwerkliche, körperliche, ...) musst du für die Ausübung dieses Berufes mitbringen?

   ____

   ____

   ____

Aufgabe 2

Eine Arbeitsvorgangsbeschreibung erläutert eine in sich abgeschlossene Tätigkeit des Praktikumsberufes. Dabei werden die einzelnen Arbeitsschritte sowie eventuelle Probleme so genau beschrieben, dass eine fremde Person den Arbeitsvorgang gut nachvollziehen kann. (Beispiel Florist: „So binde ich einen bunten Frühlingsstrauß ...")

a) Wähle aus deinen bisherigen Tätigkeiten einen typischen Arbeitsvorgang und beschreibe die einzelnen Arbeitsschritte ausführlich.

   Achte besonders auf die richtige Reihenfolge, die Angabe von Hilfsmitteln (Werkzeug, Maschinen, Materialien, ggf. helfende Mitarbeiter) und verwende Fachausdrücke.

b) Lasse dir von deinem Partner Fragen zu dem Arbeitsvorgang stellen und beantworte sie, so gut du kannst. Wenn er oder sie sich gut vorstellen kann, wie dein Arbeitsvorgang aussieht, ist deine Beschreibung gelungen!

Station 7

Fragen an den Praktikumsbetreuer

Name: ____________________

Während des Praktikums wirst du von deinem Lehrer oder deiner Lehrerin am Arbeitsplatz besucht und zum bisherigen Verlauf des Praktikums befragt. Aber auch im Betrieb selbst hast du natürlich einen Ansprechpartner: deinen Praktikumsbetreuer. Sicherlich ist er oder sie gerne bereit, dir Fragen zum Betrieb zu beantworten. Nutze die Erfahrungen deines Praktikumsbetreuers, um dir ein genaues und realistisches Bild von deinem Wunschberuf zu machen.

Aufgabe

Interviewe deinen Praktikumsbetreuer: Stelle die folgenden Fragen und notiere die Antworten sorgfältig. Natürlich kannst du auch eigene Fragen hinzufügen.

1. In welchem Beruf bilden Sie aus?

2. Wie lange arbeiten Sie schon in diesem Beruf?

3. Was gefällt Ihnen in Ihrem Beruf am besten?

4. Gibt es einen Bereich, der Ihnen nicht so viel Spaß macht?

5. Wie wichtig sind Ihnen die schulischen Leistungen eines Bewerbers? Warum?

6. Sind Kenntnisse in bestimmten Schulfächern besonders wichtig? Warum?

Station 7

Fragen an den Praktikumsbetreuer

Name:

7. Welche besonderen Fähigkeiten oder Voraussetzungen muss ein Bewerber mitbringen?

8. Welcher Schulabschluss wird für die Ausbildung vorausgesetzt?

9. Wann muss man sich als Schüler spätestens um einen Ausbildungsplatz bewerben?

10. Wie lange dauert die Ausbildung, wie ist die Ausbildung organisiert?

11. Wie viel verdient man in den einzelnen Lehrjahren und wie viele Urlaubstage hat man?

12. Wie viel verdient man nach der Ausbildung in diesem Beruf (Durchschnitt)?

13. Welche Aufstiegsmöglichkeiten gibt es?

Weitere Fragen:

Station 8

Mein Praktikum im Rückblick

Name: ______________________

Aufgabe 1

Deine Meinung ist gefragt: Verfasse einen Rückblick und versuche, dich selbst so gut wie möglich einzuschätzen. Folgende Fragen helfen dir dabei:

- Was hat mir gut gefallen? Was nicht?
- Was ist mir besonders leicht- / schwergefallen?
- Wie war der Umgang / die Zusammenarbeit mit den Mitarbeitern?
- Haben sich meine Wünsche und Erwartungen erfüllt?
- Woran muss ich noch arbeiten?
- Bringe ich die nötigen Voraussetzungen und Fähigkeiten mit?
- Was war mein schönstes Erlebnis?
- Was war unangenehm? Warum?
- Möchte ich den Praktikumsberuf eigentlich immer noch gern erlernen?
- Hat sich das Praktikum gelohnt? Hat es mir gefallen?

Aufgabe 2

Was glaubst du, wie zufrieden dein Praktikumsbetrieb mit dir in den einzelnen Bereichen ist? Schätze es ein und kreuze entsprechend an.

	sehr zufrieden	zufrieden	unzufrieden	sehr unzufrieden
Pünktlichkeit				
Höflichkeit				
Eigeninitiative				
Interesse				
Arbeitsqualität				
Teamfähigkeit				
Belastbarkeit				
Kritikfähigkeit				

Hält der Betrieb dich für eine Ausbildung in deinem Praktikumsberuf geeignet? Kreuze die Antwort an, die du am wahrscheinlichsten findest:

☐ ja, sehr gut geeignet
☐ nein, eher ungeeignet
☐ bedingt geeignet
☐ absolut nicht geeignet

Station 9

Beurteilung durch den Betrieb

Name: ______________________

Bitte gib diesen Fragebogen vor Praktikumsende deinem Praktikumsbetreuer.

Fragebogen für den / die Praktikumsbetreuer / -in

Herzlichen Dank, dass Sie einem unserer Schüler einen Einblick in die Arbeitswelt ermöglichen. Wir möchten sicherstellen, dass die in Ihrem Betrieb gewonnenen Erfahrungen optimal genutzt werden können und bitten Sie darum, den folgenden Fragebogen nach Beendigung des Praktikums auszufüllen und in beigefügtem Umschlag an die Schule zurückzuschicken.

Name des Praktikanten: ______________________

Name des Betriebs: ______________________

Name des Praktikumsbetreuers: ______________________

Ausbildungsberuf: ______________________

Dauer des Praktikums: ______________________

1. Kreuzen Sie bitte an, wie Sie den Schüler / die Schülerin einschätzen:

	sehr zufrieden	zufrieden	unzufrieden	sehr unzufrieden
Pünktlichkeit				
Höflichkeit				
Eigeninitiative				
Interesse				
Arbeitsqualität				
Teamfähigkeit				
Belastbarkeit				
Kritikfähigkeit				

2. Halten Sie den Schüler / die Schülerin für eine Ausbildung im Praktikumsberuf geeignet?

☐ ja, sehr gut geeignet
☐ nein, eher ungeeignet
☐ bedingt geeignet
☐ absolut nicht geeignet

3. Würden Sie den Schüler / die Schülerin in Ihrem Betrieb als Auszubildende / -n einstellen oder einem gleichwertigen Betrieb empfehlen?

☐ Ja.
☐ Nein. → Wenn „nein“, warum nicht?

____

4. Welche Ratschläge möchten Sie dem Schüler / der Schülerin mit auf den Weg geben?

____

____

Vielen Dank für Ihre Unterstützung und Ihre Mitarbeit!

Station 1

Tipps zur Präsentationsgestaltung

Name: ______________________

Aufgabe

Finde zu jedem Satzanfang das passende Ende.
Wenn du die Buchstaben dahinter jeweils in die Lösungszeile einträgst, erhältst du ein Lösungswort.

1	Das Präsentations-Programm PowerPoint ersetzt den Overheadprojektor. Zumeist wird eine …
2	Durch Visualisierung mit Bildern und Grafiken (Diagramme, Cliparts u. v. m) wird das …
3	Du benötigst zunächst ein Konzept, bevor du die Folien gestaltest. Verwende keine …
4	Zeige keine Inhalte, bevor du über diese sprichst. Deine Zuhörer lesen schneller …
5	Deine Präsentation muss gut lesbar sein. Die Schriftgröße sollte mindestens …
6	Verzichte auf Schreibschrift oder Schnörkel, da die Darstellung eventuell durch den Beamer …
7	Achte auf ein einheitliches Layout (Hintergrund, Überschrift usw.). Überfrachte deine Präsentation …
8	Beschränke dich auf wenige Effekte. Gleiche Objekte müssen immer mit den gleichen …
9	Reduziere die Anzahl der Folien auf ein Minimum, damit für jede Folie ausreichend …
10	Kontrolliere bei der fertigen Präsentation mehrmals den Ablauf und insbesondere …

… ausformulierten Sätze, die du abliest, sondern Stichpunkte bzw. kurze und klare Kernaussagen.	W
… Redezeit zur Verfügung steht. Gestalte die Folienübergänge immer einheitlich.	N
… nicht mit Bildern und Grafiken. Diese müssen eine ausreichend hohe Auflösung haben.	O
… 20 pt betragen (Überschriften größer). Behalte innerhalb der Präsentation die Schriftgrößen bei.	R
… die Rechtschreibung. Überprüfe, ob die Projektion von allen Plätzen aus gut zu sehen ist.	T
… Präsentation mit einem Videobeamer an die Wand projiziert.	P
… Effekten versehen werden. Texte z. B. müssen immer den gleichen Animationseffekt haben.	I
… als du sprechen kannst. Stelle nur wesentliche Informationen dar und benutze gezielt Fachbegriffe.	E
… verzerrt werden könnte. Geeignet sind die Schriftarten Tahoma, Arial und Verdana.	P
… Verständnis gefördert. Bewegte Objekte können den Vortrag auflockern. Setze sie aber sparsam ein.	O

Lösungswort:

1	2	3	4	5	6	7	8	9	10

Station 2

Programmoberfläche PowerPoint

Name: ______________________

Aufgabe

Trage folgende Begriffe in die leeren Kästchen ein. Sie bezeichnen die allgemeinen Windows-Fensterelemente und die speziellen Elemente von PowerPoint.

Bildlaufleiste – Titelleiste – Symbolleiste „Format“ – Symbolleiste „Standard“ – Symbolleiste „Zeichnen“ – Menüleiste – Statuszeile

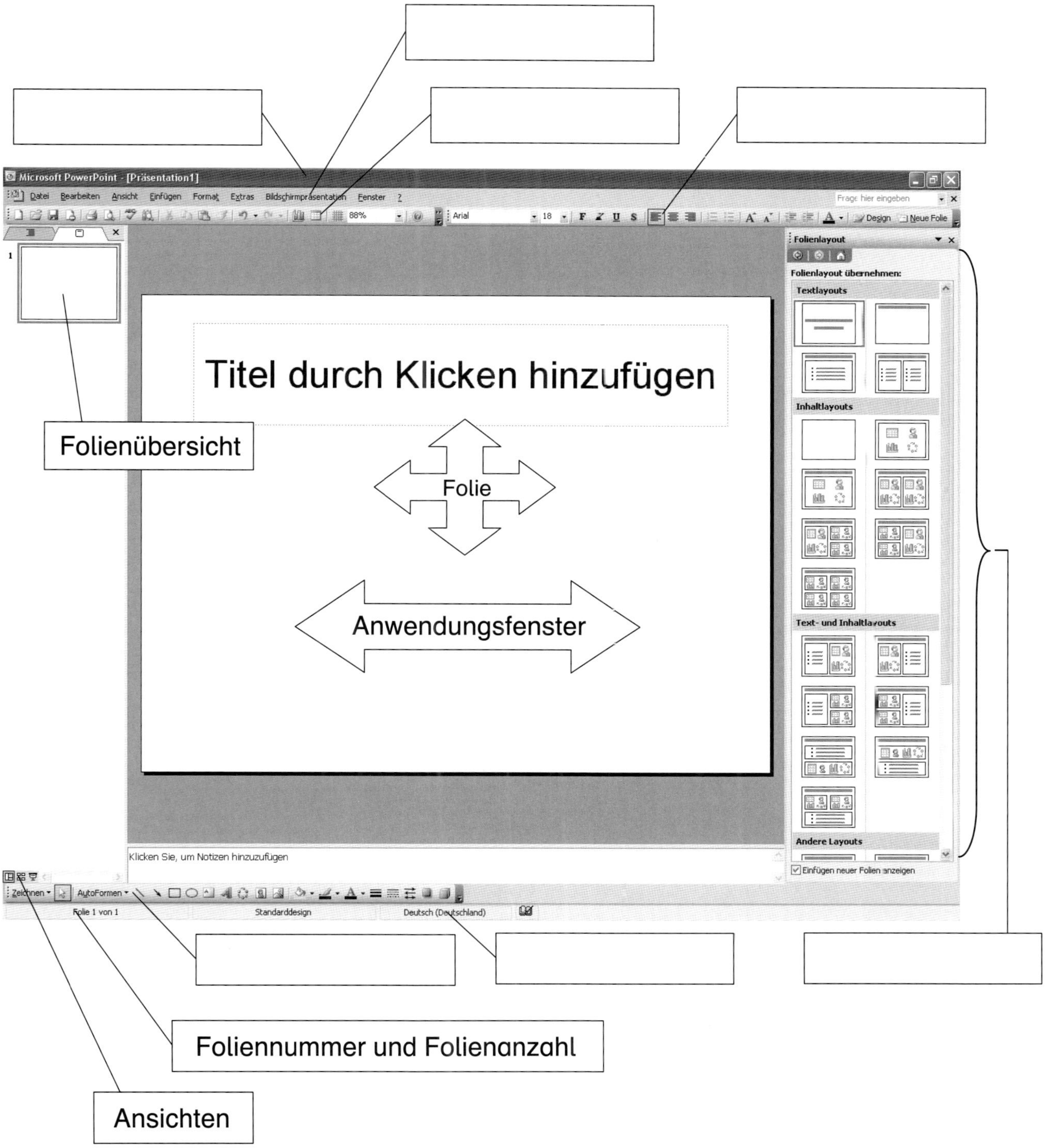

Wichtige Formatierungen

Name: ____________________

Die erste Folie kann sofort verwendet werden. Sie wird „Titelfolie“ genannt. Um eine Präsentation optisch ansprechend zu gestalten, bietet PowerPoint vielfältige Möglichkeiten zur Formatierung unter dem Menüpunkt Format an.

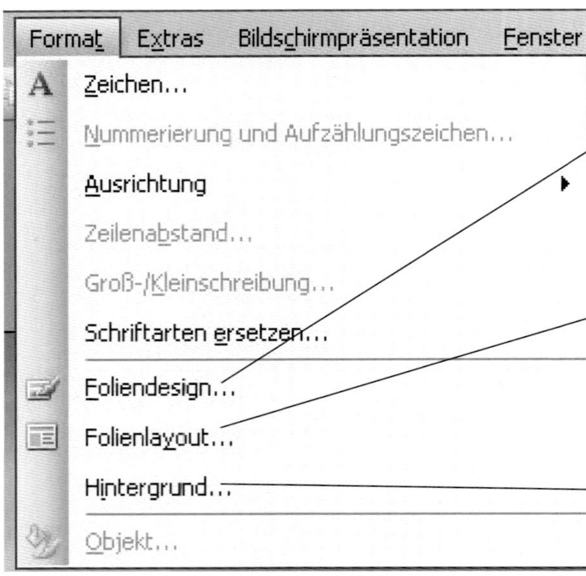

Mit Format ➢ Foliendesign kannst du deiner Präsentation eine einheitliche, vorgefertigte Gestaltung zuweisen. Zudem lässt sich für jede Vorlage das Farbschema ändern.

Mit Format ➢ Folienlayout erhältst du eine Auswahl verschiedener Layoutvorlagen. Du legst fest, wo welche Objekte (Textfelder, AutoFormen, Grafiken, ClipArts, Diagramme, Tabellen u. v. m.) platziert werden sollen.

Mit Format ➢ Hintergrund hast du die Möglichkeit, deine Folien mit einem neuen Hintergrund zu versehen. Es gibt eine breite Palette an Farben und Fülleffekten.

Aufgabe 1

Öffne eine neue Präsentation und speichere sie unter dem Namen „Mein Praktikumsberuf“ ab.

Aufgabe 2

a) Wähle das Design „Schwaches Gitter“ aus. ❶
b) Weise das Design „Schwaches Gitter“ für alle weiteren Folien zu. (Linker Mausklick auf die Schaltfläche der Entwurfsvorlage) ❷
c) Entscheide dich für eine Hintergrundfarbe. Probiere auch verschiedene Fülleffekte aus. ❸
d) Wähle das Layout „Nur Titel“. ❹
e) Füge sechs weitere Folien hinzu. ❺
f) Speichere die Datei ab. ❻

❶
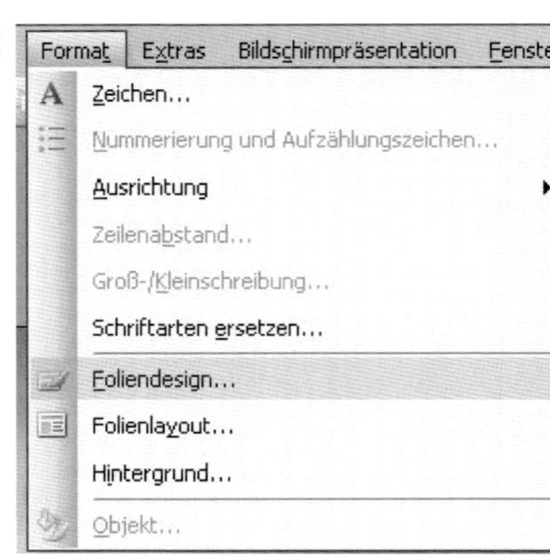

❷
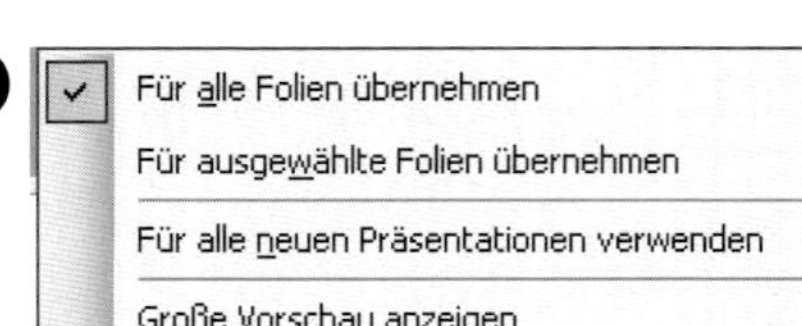

❸

❹ ❺
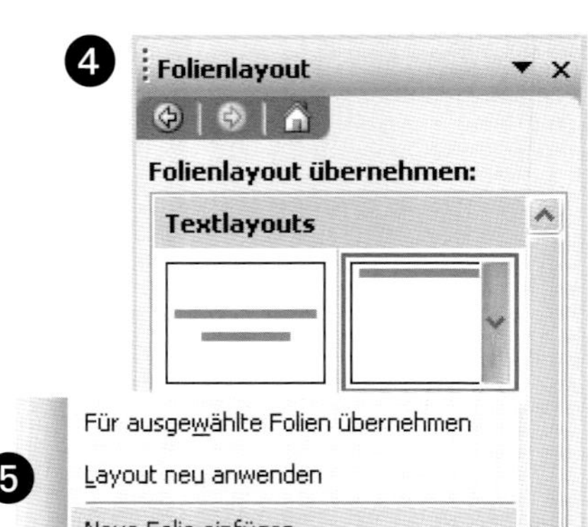

Und jetzt noch:

❻

Geschafft!

Name: ____________________

Texte eingeben

Aufgabe 1

Öffne die Datei „Mein Praktikumsberuf" und entferne die siebte Folie aus deiner Präsentation.
Du hast folgende Möglichkeiten:

oder

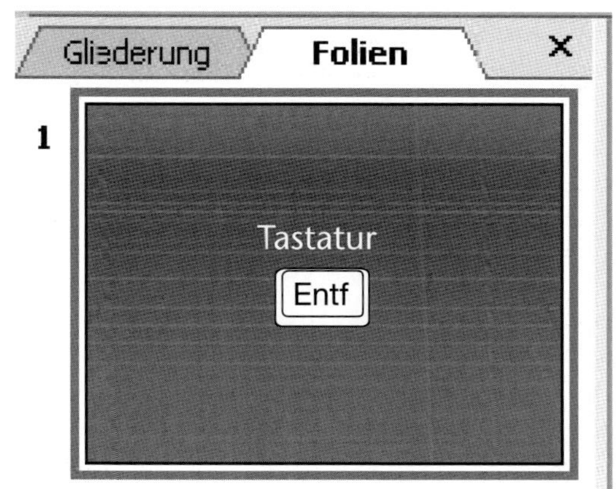

Du hast inzwischen für deine Folien das Layout festgelegt und möchtest jetzt deinen Text hinzufügen. Erstelle zuerst einen Titel für die Folie:

Durch Klicken auf den jeweiligen Platzhalter gelangst du in den Bearbeitungsmodus.
Jetzt kannst du deinen Text eingeben oder bei vorhandenem Text mit Format ➢ Zeichen Schriftart, Schriftgröße, Schriftfarbe, Hoch- und Tiefstellungen u. v. m. verändern.

Aufgabe 2

Gib bei den jeweiligen Folien folgende Überschriften ein (Schriftart „Arial"; Schriftgrad „36"):

Folie 1: Mein Praktikumsberuf	Folie 2: Aufgaben und Tätigkeiten
Folie 3: Interessen und Fähigkeiten	Folie 4: Arbeitsgegenstände / -mittel
Folie 5: Arbeitsbedingungen	Folie 6: Infos zur Ausbildung

Weitere Textfelder fügst du mit dem Menüpunkt Einfügen ➢ Textfeld ein.
Klicke dann auf die Position im Anwendungsfenster, an der du auf deiner Folie das Textfeld einfügen möchtest. Sobald der Cursor blinkt, kannst du deinen Text eingeben. Ein Textfeld lässt sich auf der Folie verschieben, indem man auf die Umrandung klickt, die linke Maustaste gedrückt hält und das Objekt an die neue Stelle zieht.

Aufgabe 3

Füge auf der ersten Folie unterhalb der Überschrift ein Textfeld hinzu. Verwende Schriftart „Arial" und Schriftgrad „36". Trage anschließend den Namen deines Praktikumsberufs ein.

Vergiss nicht, die Datei abzuspeichern!

Station 5

Name:

Grafiken einfügen

Aussagekräftige Abbildungen werten deine Präsentation auf.

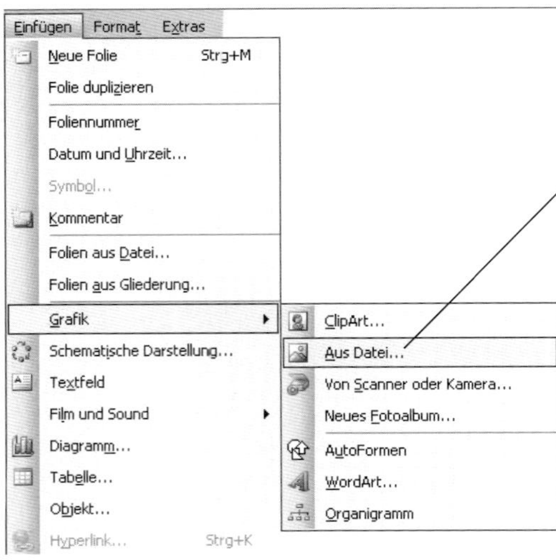

Wähle hier die Quelldatei aus.

Mit Format ➢ Grafik ➢ oder Rechtsklick ➢ Grafik formatieren kannst du Größe und Drehung, Layout (Textfluss und Position), Zuschnitt, Helligkeit und Kontrast festlegen.

Auch andere Objekte wie AutoFormen, ClipArts, WordArt, Diagramme und Tabellen lassen sich in die Präsentation einfügen.

Aufgabe 1

a) Öffne die Datei „Mein Praktikumsberuf".
b) Suche eine ansprechende Grafik, die deinen Praktikumsberuf darstellt, und füge diese in die erste Folie ein. Platziere sie zentriert.
c) Füge für alle Folien passende Grafiken ein.

Aufgabe 2

Auf jeder Folie befindet sich nun eine Überschrift und eine symbolische Grafik. Um später deinen Zuhörern die wichtigsten Inhalte kurz und bündig zu vermitteln, musst du die Folien noch mit Kernaussagen bzw. Stichpunkten versehen.
Füge auf den Folien 2 bis 6 jeweils sechs Textfelder ein und bearbeite sie entsprechend.
Verwende Schriftart „Arial" und Schriftgrad „20".
Orientiere dich an folgendem Aufbau:

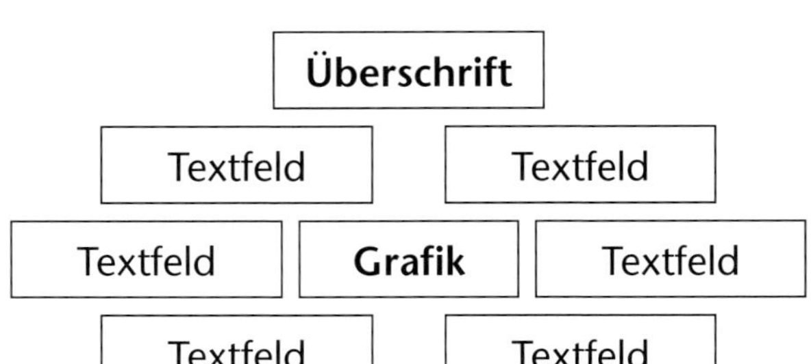

Vergiss nicht, die Datei abzuspeichern!

Station 6

Bewegung erzeugen

Name: ____________________

Mit dem Menüpunkt Bildschirmpräsentation ➢ Folienübergang kannst du die Übergänge zwischen den Folien (Überblendeffekte) fließend gestalten:

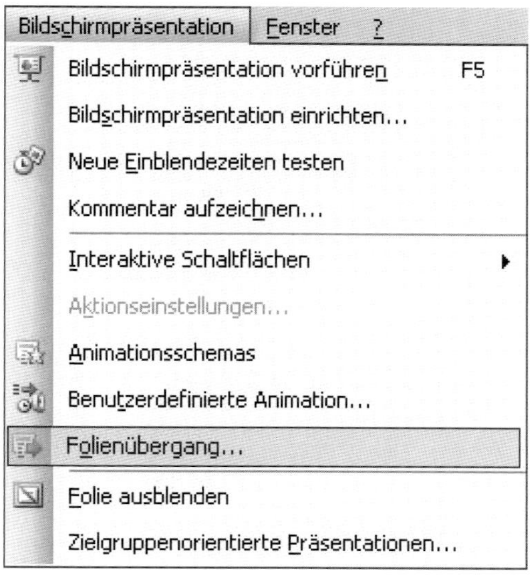

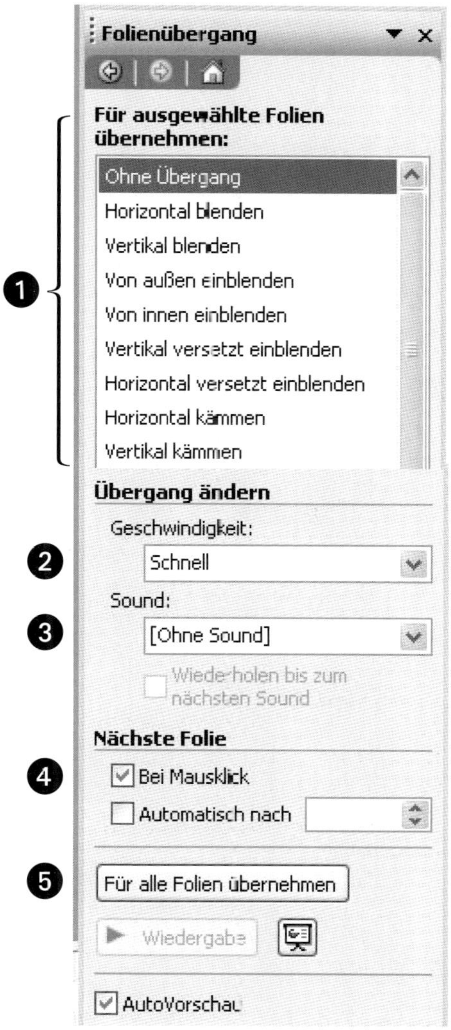

❶ aus ca. 50 Überblendeffekten auswählen

❷ Geschwindigkeit festlegen

❸ Begleitgeräusch für Folienübergang festlegen

❹ Übergang durch Mausklick oder automatisch nach Zeitvorgabe einstellen

❺ Geltungsbereich definieren

Aufgabe 1

a) Öffne die Datei „Mein Praktikumsberuf".
b) Wähle den Überblendeffekt „Von außen einblenden" aus.
c) Lege als Geschwindigkeit „Langsam" fest.
d) Aktiviere die Option „Bei Mausklick".
e) Klicke auf „Für alle Folien übernehmen", um deiner Präsentation einen einheitlichen Gesamteindruck zu verleihen.
f) Speichere die Datei ab.
g) Verschaffe dir einen Überblick über den aktuellen Stand deiner Präsentation. Gehe wie folgt vor:

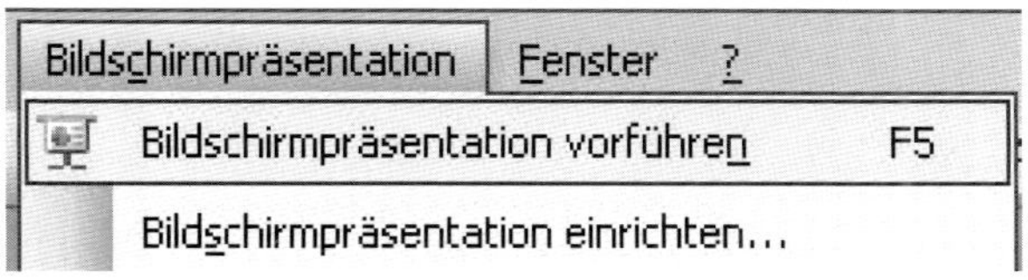

oder Tastatur Taste F5

Name: ______________

Bewegung erzeugen

Du kannst auch alle Objekte, die du auf der Folie verwendest (Textfelder, Grafiken usw.), animieren (= bewegen). So legst du fest, wie und wann einzelne Objekte erscheinen oder verschwinden sollen:

1. Aufrufen

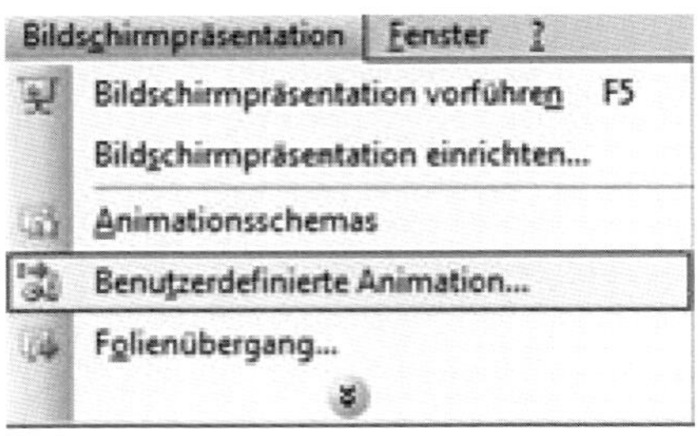

2. Objekt markieren (anklicken)

3. Effekt zuweisen

❶ beim Erscheinen
❷ während der Darstellung
❸ beim Ausblenden
❹ auf bestimmten Strecken

❺ Weitere Optionen
❻ Auflistung der Effekte; Änderung der Reihenfolge durch Ziehen; Effekte löschen mit der Taste [Entf]

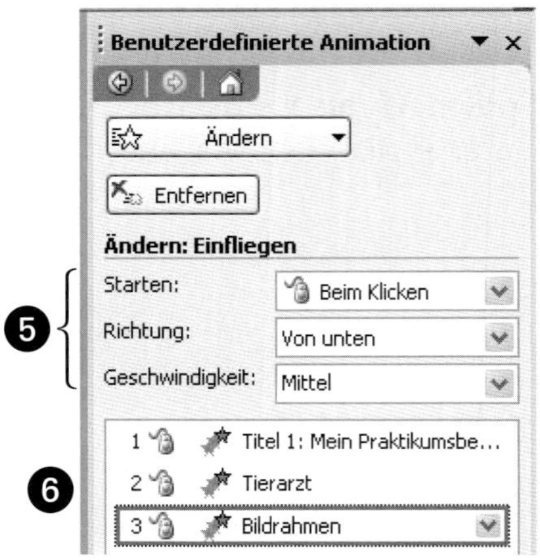

Aufgabe 2

a) Öffne die Datei „Mein Praktikumsberuf".

b) Folie 1: Überschrift ➢ Effekte hinzufügen ➢ Einfliegen
Berufsbezeichnung ➢ Effekte hinzufügen ➢ Einfliegen
Grafik ➢ Effekte hinzufügen ➢ Einfliegen
Starten: Beim Klicken; Richtung: Von unten; Geschwindigkeit: Mittel

c) Folie 2: Überschrift ➢ Effekte hinzufügen ➢ Einfliegen
Grafik ➢ Effekte hinzufügen ➢ Einfliegen
Alle Kernaussagen / Stichpunkte ➢ Effekte hinzufügen ➢ Blenden
Starten: Beim Klicken; Richtung; Von unten; Geschwindigkeit: Mittel

d) Folie 3, 4, 5, 6: Alle Einstellungen aus Folie 2 übertragen.

e) Speichere die Datei ab.

f) Sieh dir deine animierte Präsentation in der Vorschau an.

Achte auf die richtige Reihenfolge der Objekte!

Nützliche Speicherfunktionen

Name: ____________________

Deine Präsentation lässt sich unter verschiedenen Formaten abspeichern.

Speichern als PowerPoint-Präsentation
Datei ➢ Speichern unter … ➢ Dateityp: PowerPoint-Bildschirmpräsentation (*.PPS) ➢ Speichern

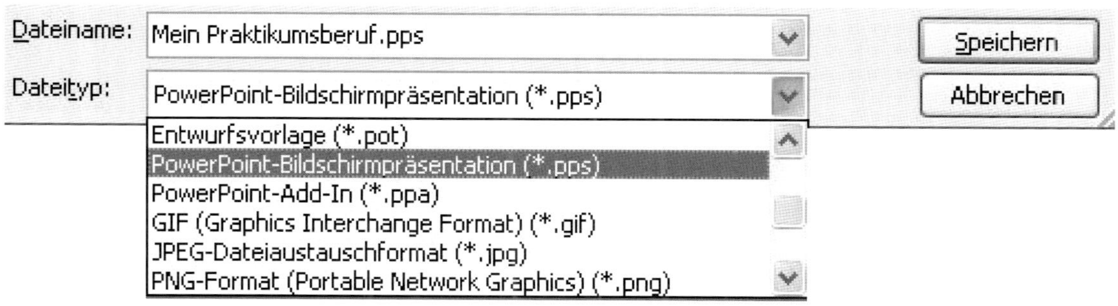

Beim Öffnen mit diesem Dateityp wird sofort die Vorführung gestartet.
Die Arbeitsoberfläche ist nicht zugänglich!

Speichern als Webseite
Datei ➢ Als Webseite speichern … ➢ Dateityp: Webseite in einer Datei ➢ Speichern

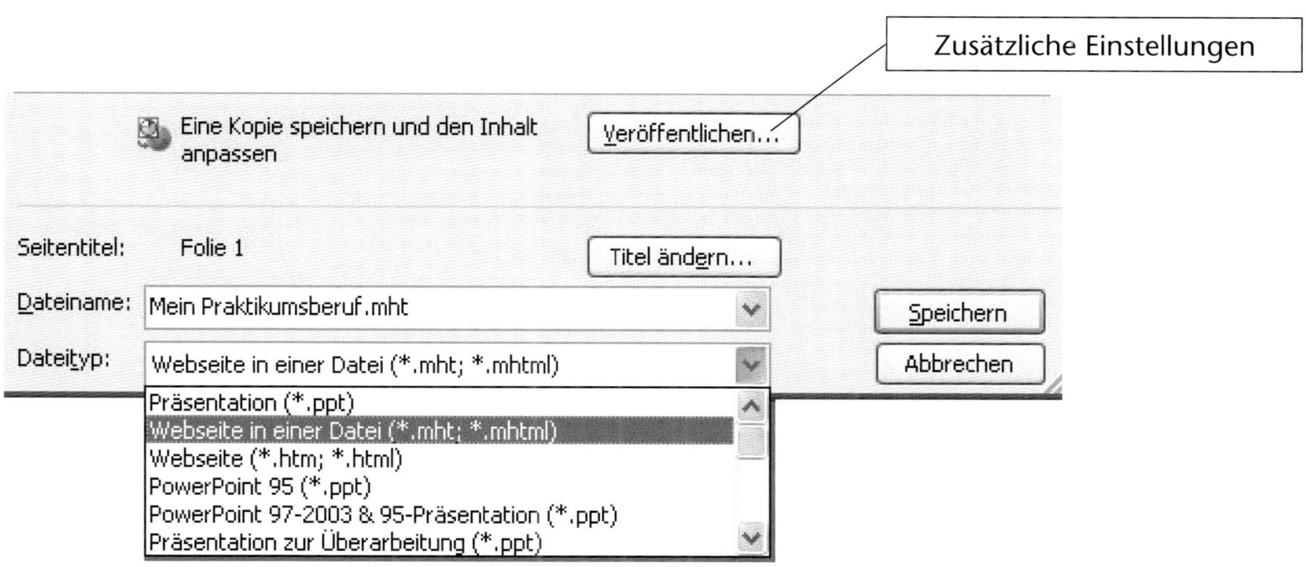

Die Präsentation wird in das Dateiformat HTML konvertiert.

Mit dem Menüpunkt Datei ➢ Webseitenvorschau kann man jederzeit überprüfen, wie die Präsentation im Webbrowser aussieht.

Aufgabe

Probiere die beschriebenen Funktionen aus und erstelle beide Speicherformate.

Station 1

Wozu dient Excel?

Name: ____________________

Aufgabe

Ergänze den Text mit den Wörtern im Kasten.

> Tabellenformatierungen – Programmfunktionen – Formeln – Zellen – Seitenansicht – Diagramm-Assistent – Arbeitsbereich – Hilfsmittel – Bilder – Datensatz – Texte

Wir nutzen Tabellen als ____________________, um Daten übersichtlich darzustellen und ihr Verhältnis zueinander aufzuzeigen. Dein Stundenplan ist dafür ein gutes Beispiel: Der ____________________ „Tag-Stunde-Fach" kann in Form einer Tabelle sehr einfach dargestellt werden, um wichtige Informationen gebündelt abzulesen. Den Stundenplan kannst du zügig mit Excel am PC erstellen, da der ________________ mithilfe von sogenannten ________________ in Tabellenform, d. h. in Spalten (senkrecht) und Zeilen (waagerecht) schon eingeteilt ist.

Ein neuer Stundenplan ist daher kein Problem: Einfach die neuen Daten eingeben, eine Tabelle gestalten, speichern und ausdrucken, fertig! Bei Änderungen dann einfach auf ➢ Datei öffnen gehen, neue Daten eingeben, speichern und drucken. In die einzelnen Zellen können sowohl ____________________ als auch Zahlen oder beides eingegeben werden. Mit den Zahlenwerten errechnet Excel anhand vorgegebener ____________________ oder von dir selbst definierten ____________________ jede gewünschte mathematische Operation. Der ________ ____________________ ist eine komfortable Unterstützung, mit dem Berechnungen Schritt für Schritt in ein aussagekräftiges Diagramm umgewandelt werden können.

Um die Daten ansprechend zu präsentieren, bietet Excel dir eine Reihe von sogenannten Auto-Formaten an. Hier kannst du dank bereits voreingestellter ____________________________ mit wenigen Mausklicks eine gut gestaltete Tabelle erzeugen. Selbstverständlich ist es auch in Excel möglich, Grafiken und ____________________ einzufügen. Zum Schluss noch in der ____________________ kontrollieren, ob alles zu deiner Zufriedenheit dargestellt ist und dann bei Bedarf ausdrucken.

Station 2

Spalten, Zeilen und Zellen

Name: ______________________

Die Programmoberfläche von Excel unterteilt sich in einen Arbeitsbereich und die schon bekannten Menü- und Symbolzeilen.

Aufgabe 1

Ordne den leeren Kästchen den jeweils passenden Begriff zu.

Namenfeld – Spalte – Bearbeitungsleiste – Zelle – Funktion einfügen – Zeile

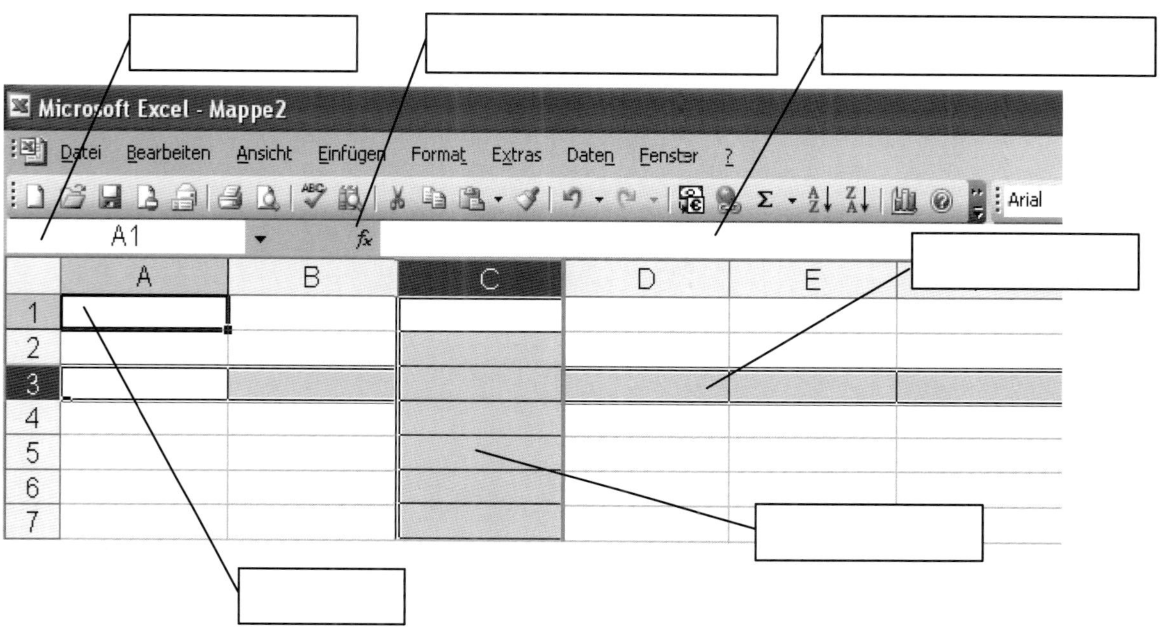

Aufgabe 2

Jede Zelle kann durch den Buchstaben der Spalte und die Nummern der Zeile eindeutig benannt werden. Welche Buchstaben-Zahl-Kombination (= Adresse) haben die aktiven Zellen „macht", „auch" und „Spaß"? Trage ihre Adressen in die freien Namenfelder ein.

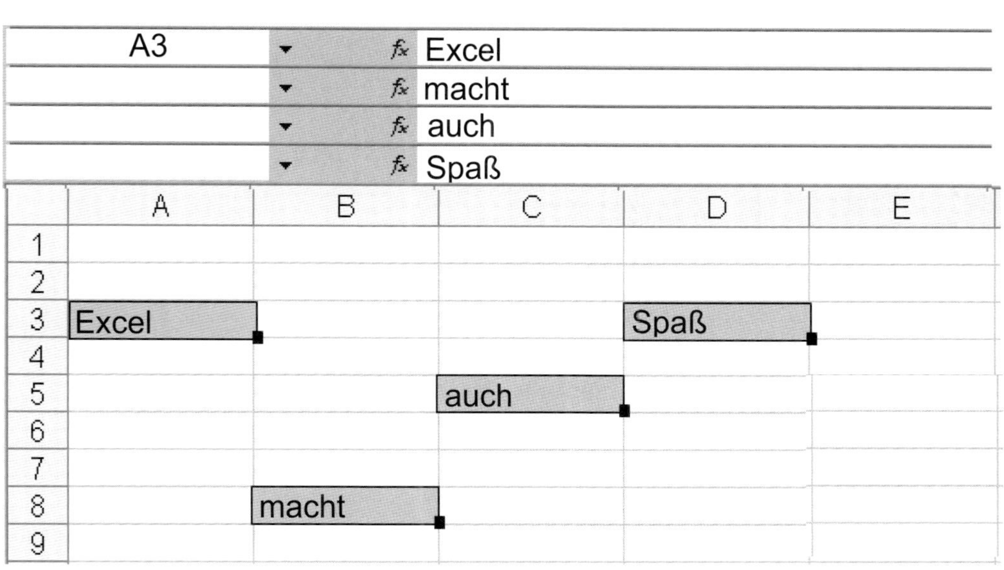

Station 3

Name: ____________________

Erste Schritte

Aufgabe 1

Öffne ein neues Excel-Dokument und erstelle die unten dargestellte Tabelle. Füge einen Tabellenkopf (Spaltenüberschrift) ein. Gehe wie folgt vor:

- Markiere die Zeile 1, indem du mit der linken Maustaste auf die Zeilennummer (1) klickst.
- Rufe mit der rechten Maustaste das Kontextmenü auf.
- Wähle „Zeile einfügen“ (es wird eine ganze Zeile eingefügt).
- Trage in die neuen freien Zellen A1:F1 (sprich A1 bis F1) die Wochentage Montag bis Samstag ein.
- Speichere die Tabelle unter „Erste_Schritte.xls“ ab.

	A	B	C	D	E	F
1	1	1	1	Januar	05.08.2011	05.08.2011
2		2	3			09.08.2011
3		3	5			13.08.2011

Selbstverständlich kannst du so auch neue Spalten und Zellen einfügen!

Aufgabe 2

Wenn du eine Zelle anklickst und den Mauszeiger darauf legst, erscheint in der rechten unteren Ecke ein kleines Kreuz. Dies ist die Funktion „Autoausfüllen“, mit der du Datenreihen erzeugen kannst, z. B. auf- und absteigende Zahlen. Gehe vor wie folgt:

- Öffne die Datei „Erste_Schritte.xls“ von Aufgabe 1.
- Markiere die Daten der jeweiligen Spalte und erzeuge eine Datenreihe von 10 Werten, indem du die linke Maustaste gedrückt hältst (achte auf das kleine Kreuz) und das aktivierte Feld so weit nach unten ziehst, bis du den Wert im Feld A11 erreicht hast.
- Gehe genauso bei den Spalten B–F vor.
- Übertrage deine Ergebnisse.
- Speichere die Tabelle unter „Autoausfüllen.xls“ ab.

Aufgabe 3

Jetzt benötigt deine Tabelle nur noch ein schönes Layout. Excel bietet schon vordefinierte Layouts an. So kannst du vorgehen:

- Öffne deine Datei „Autoausfüllen.xls“.
- Aktiviere eine beliebige Zelle deiner Tabelle.
- Wähle aus dem Menüpunkt Format ➢ Autoformat.
- Wähle aus dem Kontextmenü die Formatvorlage Standard 1.
- Bestätige deine Wahl mit OK.

Überzeuge dich nun, ob deine Tabelle auch vollständig innerhalb des druckbaren Bereichs liegt:

- Wähle den Menüpunkt Datei ➢ Seitenansicht oder klicke auf der Symbolleiste diese Schaltfläche an: 
- Schließe die Seitenansicht. Alles, was sich jetzt innerhalb der gestrichelten Linie befindet, liegt im druckbaren Bereich.

Station 4

Dateneingabe und Zellformate

Name: ______________________

In eine Zelle können sowohl Zahlen als auch Texte oder eine Kombination aus beiden eingegeben werden. Wenn du eine neue Tabelle anlegst und Daten in die Zellen eingibst, weiß Excel allerdings noch nicht, um welche Art von Daten es sich handelt. Das Format musst du selbst zuweisen.

Aufgabe 1

Öffne ein neues Excel-Dokument und übertrage die unten dargestellte Tabelle. Werden alle Eingaben in den Zellen und der Bearbeitungsleiste korrekt angezeigt?

- Ermittle über den Menüpunkt Format ➢ Zellen ➢ Kategorie das Format der einzelnen Zellen.
- Übertrage die Ergebnisse in deine Tabelle.

Eingabe	Zelle	Bearbeitungsleiste	Zahlenformat
Text			
2,333300			
1/4			
-45			
(8)			
9.11			
Dez 24			
1/4/2010			
1.4.11			
9:30			
01			

Aufgabe 2

a) • Gib in eine Zelle statt 911 den Wert 9.11 ein. Der Wert wird von Excel automatisch als Datumsformat erkannt.
 • Lösche die falsche Eingabe mit der Entf-Taste und gib danach den richtigen Wert ein.
 • Beschreibe, was passiert.

b) • Löse dieses Problem, ohne dass eine Eingabe in einer neuen Zelle erfolgt.
 • Dokumentiere die einzelnen Schritte schriftlich. Orientiere dich an Aufgabe 1.

c) Spiele die Situation auch mit der Eingabe 007 durch. Welches Zellformat ist in diesem Fall erforderlich?

Station 5

Name:

Die Lesbarkeit verbessern

Wenn man Text in Excel-Zellen eingibt, lässt sich dieser häufig nicht mehr vollständig lesen, weil die Zelle abgeschnitten aussieht.
Wie kann dies korrigiert werden?

Aufgabe 1

a) • Öffne ein neues Excel-Dokument und übertrage die unten dargestellte Tabelle.
• Speichere deine Tabelle als „Filmliste.xls" ab.

	A	B	C	D
1	Pos.	Titel	Regie	Jahr
2	1	Ice Age	Chris Wedge	2002
3	2	Wo die wilden Kerle wohnen	Spike Jonze	2009
4	3	Ratatouille	Brad Bird	2007
5	4	Rango – Tarnung ist alles	Gore Verbinski	2011
6	5	Gullivers Reisen	Rob Letterman	2010
7	6	Vorstadtkrokodile	Christian Ditter	2009
8	7	Für immer Shrek	Mike Mitchell	2010
9	8	Das Dschungelbuch	Stephen Sommers	1994
10	9	Kevin – Allein zu Haus	Chris Columbus	1990
11	10	Freche Mädchen	Ute Wieland	2007

b) Markiere die gesamte Spalte B, indem du einfach auf das B (= Spaltenbezeichnung) klickst. Über den Menüpunkt ➢ Format ➢ Spalte ➢ Optimale Breite festlegen werden alle Einträge in Spalte B vollständig lesbar dargestellt.

c) Markiere die gesamte Spalte C. Führe die Maus auf die Grenzlinie zwischen Spalte C und D, bis der Cursor folgendes Aussehen annimmt: ◂|▸
Mit einem Doppelklick stellst du dann automatisch die optimale Breite ein.

Mit dem Menüpunkt ➢ Datei ➢ Seitenansicht kannst du kontrollieren, ob die Tabelle auf eine DIN-A4-Seite passt. Nach dem Schließen der Seitenansicht wird der Seitenrand im Arbeitsbereich als gestrichelte Linie angezeigt.

d) Vergrößere die Spalten C und D so, dass die Tabelle bis an den Seitenrand reicht. Gehe vor wie bei c). Kontrolliere deine Tabelle in der Seitenansicht.

Name: ____________________

Die Lesbarkeit verbessern

Aufgabe 2

So kannst du die beschrifteten Zellen mit Rahmen hervorheben:

a) • Markiere den Bereich A1:D11.
• Wähle den Menüpunkt ➢ Format ➢ Zelle ➢ Registerkarte ➢ Rahmen.
• Bestätige deine Wahl mit OK.

oder

b) Markiere den Bereich A1:D11 und klicke auf der Symbolleiste diese Schaltfläche an:

Aufgabe 3

Wenn du die Positionsnummern und den Tabellenkopf farblich hervorheben möchtest, gehe vor wie folgt:

a) • Markiere die Zellen, die du farbig gestalten willst.
• Gehe über den Menüpunkt ➢ Format ➢ Zelle ➢ Muster und suche dir eine Farbe aus.
• Bestätige deine Wahl mit OK.

oder

b) Markiere die Zellen, die du farbig gestalten willst, und klicke auf der Symbolleiste diese Schaltfläche an:

Speichern nicht vergessen!

Station 6

Name: ____________________

Funktionen und Formeln

Wenn du etwas Bestimmtes ausrechnen musst, kannst du in Excel Formeln erstellen, die schnell und unkompliziert zu deinen Ergebnissen führen.

Aufgabe 1

	A	B	C	D	E	F
1	56	8	2	45	8	56
2	87	47	6	6	45	8
3	9	3	5	15	2	47
4	12	69	5	3	7	1
5	Summe:		Mittelwert:		Anzahl:	

a) • Übertrage die oben stehende Exceltabelle in eine neue Datei.
• Speichere diese unter „Funktion.xls" ab.

b) So bildest du eine Summe:
• Aktiviere die Zelle B5. (Ergebniszelle)
• Starte den Funktionsassistenten, indem du auf das entsprechende Symbol klickst: *fx*
• Wähle die Funktion Summe.
• Bestätige mit OK.

c) Wähle nun die sogenannten Funktionsargumente aus. Die Gesamtsumme soll mit den Werten aus dem Bereich A1:B4 gebildet werden.
• Wähle den Bereich A1:B4 aus, indem du die betreffenden Zellen mit der gedrückten linken Maustaste markierst.
• Bestätige deine Auswahl mit OK.
• Schließe den Funktionsassistenten.
• Übertrage dein Ergebnis in die Tabelle.

Es ist wichtig, dass du in deinen Formeln die richtigen Zellbezüge herstellst, d. h. die Formel muss sich auf die korrekten Zellinhalte beziehen.

Aufgabe 2

a) Bilde nun den Mittelwert. Gehe vor wie in Aufgabe 1.

b) Ermittle die Anzahl der Zellen.

Station 6

Name:

Funktionen und Formeln

Du kannst mit Excel für jede beliebige Rechenart eine automatische Funktion bzw. Formel erstellen.

Excel rechnet jedoch nicht mit den realen Zahlen, die du in die Zellen eingetragen hast, sondern hält sich an die Zellinhalte. Das heißt für dich, dass du lediglich die Zelladressen in die Formel eingeben musst, z. B. B2+C2.
Mit einem Gleichheitszeichen weist du Excel an, in dieser Zelle eine Addition, Subtraktion, Multiplikation oder Division durchzuführen, z. B. = B2+C2.
Die Symbole für die verschiedenen Rechenarten findest du in der Tabelle.

Rechenart	Symbol
Addition	+
Subtraktion	–
Multiplikation	*
Division	/

Beachte, dass auch in Excel die allgemeinen Rechenregeln gelten, wie z. B. Punktrechnung vor Strichrechnung, Klammerebenen, etc.!

Aufgabe 3

Wie lauten die fehlenden Formeln für die Grundrechenarten?
Ergänze die Tabelle.

	A	B	C	D
1		Wert1	Wert2	Formel
2	Addition	56	8	=B2+C2
3	Subtraktion	87	47	
4	Multiplikation	12	69	
5	Division	9	3	

Bei der Erstellung von Formeln ist es eine Arbeitserleichterung, die Zelladresse durch direktes Anklicken mit der Maus zu übernehmen.

Funktionen und Formeln

Name:

Aufgabe 4

Eure Jahrgangsstufe hat das Schuljahr mit einem Sommerfest beendet. Weil du so gut mit Excel umgehen kannst, haben deine Mitschüler dich mit der Endabrechnung beauftragt. Es sind insgesamt sechs Klassen an der Feier beteiligt. Eure Einkäufe und Ausgaben sind in der folgenden Tabelle vermerkt. Für das Fest habt ihr eine Spende von 60 Euro erhalten.

	A	B	C	D	E
1	Einkäufe	Menge		Einzelpreis	Gesamtpreis
2	Mineralwasser	6	Kisten	12,00 €	72,00 €
3	Limonade	4	Kisten	9,00 €	
4	Cola	3	Kisten	7,50 €	
5	Würstchen	150	Stück	1,30 €	
6	Brötchen	150	Stück	0,30 €	
7	Speiseeis	120	Stück	0,50 €	
8				Summe:	
9	Mehrwertsteuer (%)			19	
10			Zu zahlender Betrag:		
11			Geldspende:		
12			Kosten pro Klasse:		

Übertrage die oben stehende Exceltabelle in eine neue Datei und speichere diese unter „Jahresfeier.xls" ab. Gehe dann vor wie folgt:

- Berechne die genannten Werte mit den entsprechenden Formeln.
- Errechne den Gesamtpreis für jeden einzelnen Einkauf.
- Berechne die Gesamtsumme mit und ohne Mehrwertsteuer.
- Ermittle die Kosten für jede einzelne Klasse nach Abzug der Geldspende.

Aufgabe 5

Hier siehst du verschiedene Werte und ihre Ergebnisse. Wie muss jeweils die passende Berechnungsformel lauten? Trage sie in die freien Zellen ein.

	A	B	C	D	E	F
1	Wert1	Wert2	Wert3	Wert4	Ergebnis	Formel
2	4	2	3	1	4	=A2*B2/(C2-D2)
3	5	3	2	2	28	
4	2	6	8	4	1	
5	5	4	3	2	30	

Station 7

Tasten sind schneller als die Maus

Name: ______________________

Mit der Eingabe von Tastenkombinationen sind die Befehle von Excel schneller verfügbar als mit der Maus, denn der Befehl wird ohne langes Suchen ausgeführt.

Aufgabe

- Fülle den Bereich 13Zx4S (13 Zeilen, 4 Spalten) mit beliebigen Daten. Beginne mit deiner Eingabe in der Zelle B1.
- Wende dann die Tastenkombinationen an, die unten in der Tabelle auf der linken Seite stehen. Welche Auswirkungen haben sie jeweils?
- Ordne die durcheinandergeratenen Erläuterungen richtig zu. Verbinde.

Tasten(kombination)	Auswirkung
Shift + →	löscht Zellinhalte, Zellformat bleibt erhalten
F2	markiert jeweils die gesamte Spalte
Pos1	letzte Aktion rückgängig machen
Strg + Ende	aktive Zelle bearbeiten / editieren
Strg + Pos1	Schriftart auswählen
Bild ↑	Befehl abbrechen und evtl. geöffnetes Dialogfeld schließen
Bild ↓	eine Zelle rechts wird zusätzlich markiert
Strg + Leertaste	fügt den Zellinhalt ein
Strg + Shift + S	aktive Zelle springt um 40 Zeilen nach oben
Strg + Shift + F	springt zur ersten Zelle einer Zeile und aktiviert diese
Strg + C	an den Rand des aktuellen Datenbereiches bewegen
Strg + V	zur letzten verwendeten Zelle des Arbeitsblattes bewegen
Strg + Z	kopiert den Zellinhalt
Strg + →	aktive Zelle springt um 40 Zeilen nach unten
←	Formatierung **fett** zuweisen oder entfernen
Entf	an den Anfang des Arbeitsblattes bewegen (Zelle A1)
Esc	löscht Zeichen links vom Cursor

Station 8

Daten übersichtlich darstellen

Name: ______________________

Laut einer Veröffentlichung der Industrie- und Handelskammer Frankfurt am Main können Auszubildende je nach gewähltem Beruf die in der Tabelle aufgeführte Ausbildungsvergütung erhalten:

	A	B	C	D	E	F
1		Bauzeichner	Banker	Floristen	IT-Berufe allgemein	Versicherungen
2	1. Jahr	550,00 €	769,00 €	410,00 €	650,00 €	759,00 €
3	2. Jahr	625,00 €	830,00 €	455,00 €	700,00 €	832,00 €
4	3. Jahr	695,00 €	891,00 €	515,00 €	750,00 €	904,00 €

Wie kannst du diese Daten, die in der Tabelle relativ unübersichtlich erscheinen, ansprechend und übersichtlich darstellen? Ein einfaches, aber effektives Mittel ist die Übertragung der Daten in ein Diagramm mithilfe des Diagramm-Assistenten.

Aufgabe 1

Übertrage die oben stehende Exceltabelle in eine neue Datei und speichere diese unter „Lohnspiegel.xls" ab. Gehe dann vor wie folgt:

- Starte den Diagramm-Assistenten, indem du mit der Maus auf diese Symbolschaltfläche klickst: Oder aktiviere den Diagramm-Assistenten über den Menüpunkt ➢ Einfügen ➢ Diagramm.
- Wähle den Diagrammtyp Säule ➢ Gruppierte 3D-Säulen.
- Bestätige deine Wahl mit Weiter.

Nun musst du den Datenbereich für das Diagramm zuweisen.

- Aktiviere diese Schaltfläche:
- Wähle mit der gedrückten linken Maustaste den Bereich A1:F4 aus.
- Bestätige deine Auswahl mit OK.
- Bestätige anschließend den Vorgang mit Weiter.

Jetzt werden nur noch sinnvolle Beschriftungen benötigt.

- Der Diagrammtitel lautet „Ausbildungsvergütung".
- Die Rubrikenachse (X) nennst du „Berufe" und die Größenachse (Y) „Verdienst".
- Jetzt hast du noch die Wahl, ob du das Diagramm als neues Blatt oder als Objekt in der Tabelle anlegen willst.

Falls dein Diagramm nicht alle Berufe anzeigt, kannst du es durch Ziehen mit der Maus vergrößern und damit alle Informationen sichtbar machen.

Station 8

Daten übersichtlich darstellen

Name: ____________________

Aufgabe 2

Ordne den Diagrammtypen jeweils die richtige Bezeichnung und den Verwendungszweck zu. Verbinde mit verschiedenfarbigen Pfeilen.

Kreisdiagramm

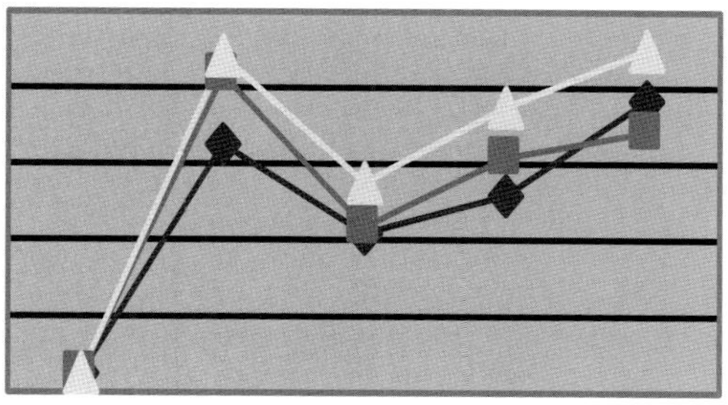

Zeigt die Häufigkeitsverteilung innerhalb verschiedener Gruppen.

Verdeutlicht die Anteile am Ganzen. Nur ein Sachverhalt ist darstellbar.

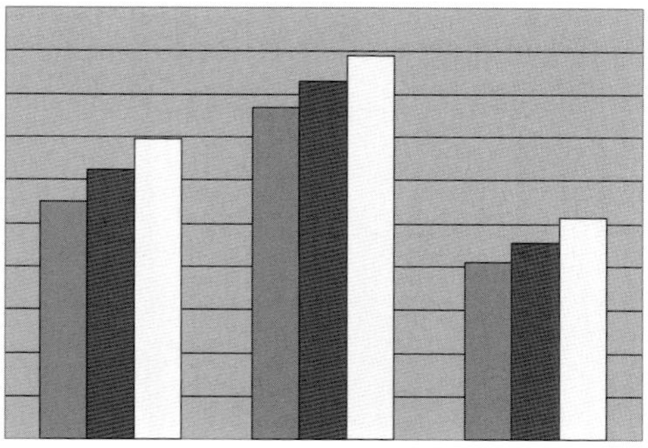

Säulendiagramm

Liniendiagramm

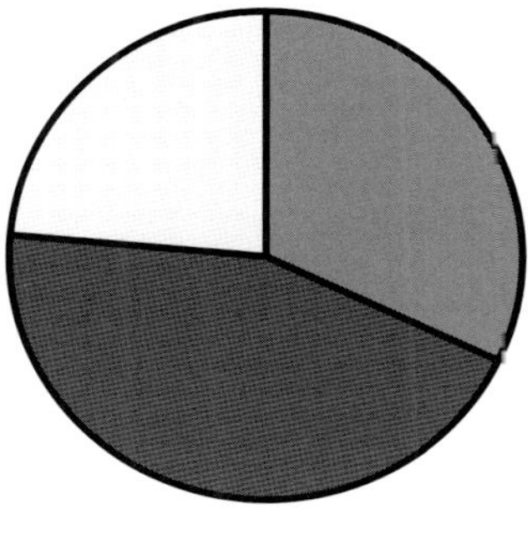

Vermittelt die Entwicklungen innerhalb einer Datenreihe.

Station 9

Name:

Prüfe dein Wissen

Aufgabe 1

Kreuze an, ob es sich um eine wahre (w) oder falsche (f) Aussage handelt und trage den entsprechenden Buchstaben in die Tabelle für das Lösungswort ein.

		w	f
1	In der Bearbeitungsleiste wird der vollständige Zellinhalt angezeigt.	Z	D
2	Die optimale Spaltenbreite wird automatisch angepasst, wenn die Eingabe breiter als die Standardspalten ist.	E	A
3	In eine Zelle dürfen entweder nur Zahlen oder Buchstaben eingegeben werden.	B	H
4	Jede Zelle ist eindeutig durch eine Kombination aus Buchstaben und Zahlen definiert.	L	I
5	Bei der Verwendung eines Punkts anstatt eines Kommas als Dezimaltrennzeichen wird in der Zelle ein Datum angezeigt.	E	K
6	Um mit Excel Berechnungen durchführen zu können, gibst du die Werte in die Ergebniszelle ein.	T	N
7	Die Taste Entf löscht die Zellinhalte und das Zellformat wird automatisch auf Standard zurückgesetzt.	K	F
8	Die Angabe von Maßeinheiten in einer Zelle (z. B. kg) führt bei Berechnungen zu der Fehlermeldung #Wert!, obwohl die Formel stimmt.	O	P
9	Um deine Ergebnisse zu präsentieren, musst du deine Tabellen und Diagramme Schritt für Schritt selbst formatieren.	A	R
10	Eine aktive Zelle lässt sich mit der gedrückten linken Maustaste beliebig verschieben.	M	F
11	Um die Seitenbegrenzungen zu kontrollieren, musst du immer wieder in die Seitenansicht wechseln.	U	A
12	Wie in Word lassen sich auch in Excel Grafiken, Symbole und Bilder einfügen.	T	W

	1	2	3	4	5	6	7	8	9	10	11	12
Lösungswort:												

Aufgabe 2

Setze die fehlenden Formeln ein. Beachte Punkt- und Strichrechnung. Eventuell müssen die Terme in Klammern gesetzt werden.

	A	B	C	D	E
1	Wert1	Wert2	Wert3	Ergebnis	Formel
2	4	8	2	6	=(A2+B2)/C2
3	5	2	6	4	
4	16	2	6	2	
5	6	3	2	0	

Lösungen

Station 5: Berufsbilder und Berufsfelder

Seite 15

4.

Beruf	Aufgaben und Tätigkeiten	Interessen und Fähigkeiten	Benötigter Schulabschluss	Berufsfeld
Maurer	Wände aus unterschiedlichen Materialien herstellen u. a.	praktische und handwerkliche Tätigkeiten (z. B. Steine nach Maß schlagen)	keine bestimmte schulische oder berufliche Vorbildung rechtlich vorgeschrieben, Hauptschulabschluss empfohlen	Bauberufe
Erzieher	Betreuung und Förderung von Kindern und Jugendlichen	sozial-beratende Tätigkeiten (z. B. geduldiges Zuhören), kreativ-gestaltende Tätigkeiten (z. B. Entwerfen von Anschauungsmaterial), praktisch-konkrete Tätigkeiten (z. B. Unterstützen von Kindern beim Essen)	Mittlerer Bildungsabschluss	Soziale Berufe
Rechtsanwalt	Beratung von Mandanten in allen Rechtsfragen	theoretisch-abstrakte Tätigkeiten, sozial-beratende Tätigkeiten, verwaltend-organisatorische und prüfende Tätigkeiten	Allgemeine Hochschulreife (Abitur)	Freie Berufe / Rechtsberufe

Station 6: Ausbildungsmessen besuchen

Seite 17

a) Winnie Haugk ist Personalreferentin. Ihr Tätigkeitsfeld umfasst die Ermittlung des Personalbedarfs, die Personalbeschaffung, den Personaleinsatz, die Personalentwicklung und den Personalabbau.

b) Informationen beschaffen in Bezug auf den Betrieb und die angebotenen Ausbildungsberufe.

c) Auch Auftreten und Ausdrucksvermögen spielen eine große Rolle: Gerade im Gespräch sollte man auf Höflichkeit, Freundlichkeit und Blickkontakt achten. In einem lockeren Gespräch kann man da schon mal seine Kommunikationsstärke unter Beweis stellen. […] Egal, für welchen Beruf man sich bewirbt – mit der passenden Kleidung zeigt man ernsthaftes Interesse und Respekt.

d) Der Situation angemessene Kleidung tragen, die sauber ist. Tabus: Freizeitkleidung, die man eher am Strand tragen sollte. Auch auf „Verkleiden" verzichten.

e) Positives Verhalten: Höflichkeit, Freundlichkeit, Offenheit, direktes Nachfragen
Negatives Verhalten: unangemessene Kleidung, Eltern vorschicken, zweckfremde Motive (z. B. Jagd nach Messesouvenirs)

f) Mögliche Antworten: Kontakte zu Firmen knüpfen, viele Informationen in kurzer Zeit einholen

Station 1: Verfahren der Betriebserkundung

Seite 18/19

1.

Beobachtung	Befragung
Erfassung von tatsächlichem Geschehen	gibt es in schriftlicher, mündlicher und telefonischer Form
gegenwartsgebunden	Interview, Fragebogen
bei Mitarbeitern keine Bereitschaft zur Auskunft erforderlich	Bereitschaft zur Auskunft notwendig

2. Mögliche Lösung, Beispielbetrieb Bäckerei:
Beobachtung: verwendete Rohstoffe, Verarbeitungsprozesse, Produktionsablauf, benutzte Maschinen / Geräte, …
Befragung: Firmengeschichte, Absatzsituation, Werbung, Aus- und Weiterbildung, …

3.

	Vorteile	Nachteile
schriftliche Befragung	• mehr Zeit für die Antworten (daher oft überlegtere Antworten) • großer Befragtenkreis möglich • Einflussnahme durch Interviewer wird vermieden	• keine Spontaneität • keine Rücklaufkontrolle • es kann zu Missverständnissen bei formulierten Fragen kommen • Beeinflussung durch Dritte ist möglich
mündliche Befragung	• spontane Antworten • keine Beeinflussung durch Dritte • Nachfragen bei Unklarheiten möglich	• Einflussnahme durch den Interviewer • Hemmungen durch direkte Befragung
telefonische Befragung	• schnelle Informationsmöglichkeit • Rückfragen möglich	• fehlende Repräsentanz • unkonzentrierte Antworten möglich

Station 2: Technologischer Aspekt

Seite 20

1. 1. Welche Produkte werden in diesem Betrieb hergestellt?
2. Welche Lehrberufe werden hier angeboten?
3. Wem gehört das Unternehmen?
4. Wie verläuft der Produktionsweg?
5. Gibt es in diesem Betrieb ein besonderes Herstellungsverfahren?
6. Wie viele Arbeiter sind in diesem Betrieb beschäftigt?
7. Welche Rohstoffe werden verwendet?
8. Was bedeutet der Betrieb für die Region?

2. a) und **b)**
Mögliche Fragen:
- Welche Produkte werden hergestellt? (Beobachtung und Befragung)
- Gibt es ein besonderes Herstellungsverfahren? (Beobachtung und Befragung)
- Wie verläuft der Produktionsweg? (Beobachtung)
- Wie erfolgt eine Qualitätskontrolle? (Befragung)
- Wird sich die Technik in Zukunft verändern? (Befragung)
- Gibt es eine Forschungsabteilung? (Befragung)

Station 3: Betriebswirtschaftlicher Aspekt

Seite 21

1. […] Seit vielen Jahren leite ich nun dieses Unternehmen. Vor allem im letzten Jahr jedoch konnte der Umsatz nahezu verdoppelt werden. Dies liegt natürlich an der guten Zusammenarbeit aller Abteilungen des Unternehmens.
Allein in Deutschland haben wir mittlerweile einen Umsatzmarktanteil von rund 32 % erreicht.
Für uns steht der Kunde im Mittelpunkt. Unsere 1300 Mitarbeiter bemühen sich jeden Tag, die Ansprüche unserer Kunden zu erfüllen.
Seit nunmehr 35 Jahren existiert dieses Unternehmen. Unser Angebot reicht von der traditionellen Pizza Margherita bis hin zur Pizza Salsa oder auch der knackigen Pizza Taco. Hier dürfte für jeden etwas dabei sein. In den letzten Jahren rückte unter anderem der Umweltaspekt immer weiter in den Vordergrund. Daher kann ich auch für unser Unternehmen ein umweltschonendes Produktionsverfahren garantieren. Die Zufriedenheit unserer Angestellten spricht zudem für unsere vorbildlichen Arbeitsbedingungen […]

2. Mögliche Antwort:
Herr Borgers Geschäftsidee ist nicht realistisch. Die Standortwahl ist ungünstig und es gibt keinen eigenen Kundenkreis. Das Angebot grenzt sich nicht von den zahlreichen Mitbewerbern ab. Die Kosten für Angestellte und Miete werden sich im Preis für das Produkt niederschlagen und dieses wird somit nicht preisgünstig anzubieten sein. Das Unternehmen hat derzeit keine Bedeutung auf dem lokalen Markt und wird eher keine Zukunft haben.

Station 5: Berufsorientierter Aspekt

Seite 23

1. Mögliche Fragen:
1. Welche Berufe sind in diesem Betrieb vertreten?
2. Wie viele Lehrstellen gibt es hier?
3. Welche Arbeitszeiten haben die Auszubildenden?
4. Welchen Schulabschluss benötigen sie?
5. Werden Auszubildende nach der Lehrzeit in den Betrieb übernommen?
6. Gibt es Aufstiegschancen?

2. Mögliche Antworten:
- Rund 70 % der Auszubildenden werden übernommen.
- Ausbildungsberufe: Fachmann / Fachfrau für Systemgastronomie, Fachkraft im Gastgewerbe der Systemgastronomie, Kaufmann / Kauffrau zur Bürokommunikation, Studium „Bachelor of Arts", Office-Karriere, … (insgesamt über 20 Arbeitsmöglichkeiten)

Station 6: Ökologischer Aspekt

Seite 24

1. Mögliche Antworten:
   - Verwendung von umweltfreundlichem Papier zum Kopieren und Drucken
   - Einsatz von „Stromwächtern" in der Klasse, die darauf achten, dass das Licht ausgeschaltet wird, wenn es hell genug ist und Computer heruntergefahren werden, wenn sie nicht gebraucht werden
   - Mülldienst, der darauf achtet, dass der Müll richtig getrennt wird
   - Sammeln von leeren Druckerpatronen, Tonern, Batterien und Einschicken dieser Stoffe zu Recyclingzwecken
2. Mögliche Fragen:
   - Gibt es Umweltschutzauflagen?
   - Werden umweltschonende Produktionsverfahren eingesetzt?
   - Welche Auswirkungen auf die Umwelt hat die Produktion des Unternehmens?
   - Welchen Energiebedarf hat dieses Unternehmen?
   - Wurden Umweltschutzzertifikate erlangt?
   - Was passiert mit dem Abwasser der Firma?
   - Kommt es zu Luftverunreinigungen? Wenn ja, wie wird dem entgegengewirkt?
   - Welche Kosten verursacht der aktive Umweltschutz der Firma?
   - Was passiert mit Produktionsabfällen?

Station 7: Konsumentenaspekt

Seite 25

1. Just do it! → Nike; ich liebe es. → McDonald's; Quadratisch. Praktisch. Gut. → Ritter Sport; Nichts ist unmöööööglich. → Toyota; Die zarteste Versuchung, seit es Schokolade gibt. → Milka
2. Mögliche Antworten:
   einprägsame Werbemelodie, häufige Ausstrahlung zu guten Sendezeiten, bekannte Medien, besonderes Kennzeichen (z. B. lila Kuh), …

Station 8: Ablauf der Erkundung

Seite 26

Vorbereitung

5	Beobachtungs- und Befragungstechniken üben
2	Ziele der Betriebserkundung festlegen
3	Beobachtungs- und Befragungsschwerpunkte festlegen
6	Arbeitsmittel besorgen (Tonaufnahmegerät, Kamera, Fotoapparat, …)
4	Erkundungsunterlagen entwickeln (Beobachtungsleitfaden, Fragebogen)
1	Informationen über den Betrieb einholen
7	Verhalten im Betrieb klären
8	Besuch anmelden

Durchführung

3	Beobachtung
1	Begrüßung / Vorstellung des Betriebs
5	kostenlose Proben, Flyer, Prospekte oder Fotos mitnehmen
6	Verabschiedung
4	Betriebsangehörige interviewen
2	Erkundungsgang

Nachbereitung

4	Ergebnispräsentation
2	Erkundungsdokumentation anfertigen
1	Auswertung der Erkundungsunterlagen
3	schriftliche Danksagung an den Betrieb evtl. mit beigefügter Erkundungsdokumentation bzw. Einladung zur Ergebnispräsentation

Station 1: Einen Praktikumsplatz suchen

Seite 27

1. Mögliche Antworten:
wohnortnahe Betriebe durch Werbung in Tageszeitungen, andere Werbung, Bekannte, Telefonbuch, Gelbe Seiten, Internetrecherche, …

Station 2: Vorstellung in einem Betrieb

Seite 28

1./2. Mögliche Lösung:

Sarah möchte ein Praktikum in einer Zahnarztpraxis machen. Eigentlich war das ja die Idee ihrer Mutter. Aber Sarah nimmt allen Mut zusammen und ruft in der Praxis an:

- „Praxis Dr. Wackelts, Jutta Hermann, was kann ich für Sie tun?"
- „Hallo, ich muss ein Praktikum machen und meine Mutter sagt, dass das bei Ihnen bestimmt geht."
- „Ja, wir nehmen häufig Praktikanten. Warum möchtest du denn gerne zu uns?"
- „Hmm, äh, das weiß ich jetzt auch nicht so genau. Ich wollte mir das halt mal so anschauen."
- „Ach so, na gut. Dann komm doch erst einmal morgen Mittag hier vorbei, damit wir uns persönlich kennenlernen."
- „Ja, okay. Eine Frage hab' ich noch: Wie viel verdient man denn bei Ihnen?"
- „Wir bezahlen unseren Praktikanten eigentlich nichts. Möchtest du trotzdem morgen herkommen?"
- „Ja, doch. Bis morgen dann."
- „Moment noch … verrätst du mir auch deinen Namen, damit ich den Termin eintragen kann?"
- „Ich heiße Sarah Schneider."
- „Bis morgen dann, Sarah!"
- „Tschüss!"

Es ist besser, persönlich vorzusprechen.

Erst den Namen nennen!

„Ich möchte gerne ein Praktikum machen…"

Gründe nennen, die Interesse am Betrieb zeigen und nicht auf die Mutter verweisen

Praktika werden meist nicht bezahlt, darum nicht direkt nach Bezahlung fragen.

Station 3: Das Praktikum beginnt

Seite 30

H	**Ö**	**F**	**L**	**I**	**C**	**H**	**K**	**E**	**I**	**T**	A	S	D	**P**	F
R	T	**R**	Z	U	I	O	P	Ü	A	S	D	F	G	**Ü**	T
W	**G**	**E**	**P**	**F**	**L**	**E**	**G**	**T**	**H**	**E**	**I**	**T**	I	**N**	G
E	R	**U**	H	H	J	K	L	Ö	Ä	A	S	D	F	**K**	H
Q	R	**N**	E	R	T	Z	U	I	O	V	B	N	M	**T**	J
A	D	**D**	Q	W	E	D	F	V	B	N	M	T	Z	**L**	K
Y	R	**L**	**Ä**	**C**	**H**	**E**	**L**	**N**	K	J	H	G	F	**I**	Z
X	T	**I**	H	G	F	D	S	J	H	G	F	D	S	**C**	T
C	Z	**C**	C	D	E	V	F	R	B	G	T	B	H	**H**	R
V	U	**H**	Q	E	T	U	I	J	G	J	F	Z	U	**K**	E
B	T	**K**	A	L	L	E	T	**B**	**E**	**G**	**R**	**Ü**	**ß**	**E**	**N**
K	**L**	**E**	**I**	**D**	**U**	**N**	**G**	M	K	L	Ö	A	Ä	**I**	W
K	L	**I**	I	X	W	N	G	Q	Ü	W	P	E	O	**T**	E
Q	W	**T**	R	O	T	I	Z	U	A	Ä	S	Ö	D	R	Z
D	F	N	F	K	F	J	G	H	Y	M	X	N	C	E	T

Station 4: Erwartungen des Betriebes

Seite 31/32

1. Luis ist ganz aufgeregt, denn heute beginnt sein **Praktikum**.
Er hat sich aber bestens vorbereitet: Luis hat sich ausführlich über seinen Praktikumsbetrieb und den **Ausbildungsberuf** informiert. Dafür hat er sich **Prospekte** des Betriebs und auch die Homepage angesehen.
Er weiß nun ziemlich viel über den Betrieb und auch, was in dem von ihm angestrebten Beruf alles verlangt wird.
Luis ist bewusst, dass er nur zu **Gast** in der Firma ist. Natürlich nimmt er sich vor, immer **pünktlich** zu erscheinen. Außerdem will er auf Sauberkeit und **Ordnung** achten. Dazu gehört auch, dass er seine Sachen nicht irgendwo herumliegen lässt, sondern immer gleich alles wegräumt.
Ein Angestellter hat ihm bei seinem letzten Besuch im Betrieb in der Pause eine Zigarette angeboten. Klar, Luis will gerne dazugehören und fühlte sich auch irgendwie geschmeichelt, dass er schon für so erwachsen gehalten wird. Trotzdem hat er die Zigarette **abgelehnt**. Schließlich ist das Praktikum eine **Schulveranstaltung** und da gilt Rauch- und Alkoholverbot!
Luis ist natürlich auch unfall- und **haftpflichtversichert**. Sollte Luis einmal krank sein und kann nicht im Betrieb erscheinen, muss er natürlich sofort den Betrieb und die **Schule** informieren, selbstverständlich *vor* Arbeitsbeginn.
Luis hat ein bisschen Angst, dass er vielleicht einmal nicht versteht, was er tun soll. Da hilft natürlich nur **nachzufragen**. Das zeigt den Kollegen auch gleichzeitig sein **Interesse** an der Arbeit.
Sollte es jedoch einmal zu **Konflikten** kommen, weiß Luis, wie er zu reagieren hat: Er bleibt immer freundlich und versucht zunächst, den Konflikt selbst zu lösen. Sollte dies nicht gelingen, hat er einen **Praktikumsbetreuer** im Betrieb, an den er sich wenden kann. Zusätzlich ist auch immer noch seine Klassenlehrerin eine Ansprechpartnerin, die ihm zur Seite steht.
Seine **Praktikumsmappe** und die Berichte für den Betrieb will er immer sofort und korrekt ergänzen.
Nach Erledigung der Arbeiten nimmt sich Luis vor, seinem Betreuer von sich aus **Rückmeldung** zu geben und nach weiterer Arbeit zu fragen. Es sieht sicherlich nicht sehr motiviert aus, wenn er nur herumsteht und darauf wartet, dass ihn jemand anspricht.
Er muss unbedingt daran denken, die Sicherheits- und **Unfallvorschriften** des Betriebs zu beachten, denn es gibt Maschinen, die er nur mit ausdrücklicher Anweisung bedienen darf!
Für den letzten Tag hat er sich vorgenommen, sich bei allen Mitarbeitern und seinem Betreuer zu **bedanken**.
Hoffentlich wird ihm das Praktikum gefallen. Aber selbst wenn nicht, wird er viele **Erfahrungen** sammeln können und einiges dabei lernen.

Station 5: Der Praktikumsbericht

Seite 33

1. Mögliche Antworten:
Deckblatt mit Name und Anschrift, Inhaltsverzeichnis, Wünsche und Erwartungen, Begründung der Wahl, Infos zu Betriebsstruktur des Praktikumsbetriebes, Branche, Mitarbeiter, Berufsbilder, Materialien, Abteilungen und Tätigkeitsfelder, Ausbildungsmöglichkeiten, Ausbildungsorganisation, Sicherheitsbestimmungen am Arbeitsplatz, Jugendschutzbestimmungen, Fragen an den Betreuer, Vorstellung der eigenen Tätigkeit: Tagesberichte, Beschreibung eines Arbeitsvorganges, Selbsteinschätzung und Reflexion zum Praktikum, Verbesserungsvorschläge, Bewertungskriterien, Materialanhang

2. Mögliche Antworten:
- ☒ Erfahrungen können durchdacht, ausgewertet und notiert werden.
- ☒ Einsichten, Fähigkeiten und Kenntnisse lassen sich besser behalten, wenn sie aufgeschrieben werden.
- ☒ Beim Verfassen eines Berichts kann man sich nochmal in Ruhe Gedanken machen, ob der Wunschberuf infrage kommt oder eher nicht.
- ☐ Die Forderung nach einem Praktikumsbericht soll die Schüler unter Stress setzen, um zu überprüfen, wie sie damit umgehen.
- ☒ Der Praktikumsbericht dient als Bewertungsgrundlage. Anhand der schriftlichen Ausführungen lässt sich erkennen, wie wichtig dem Praktikanten das Praktikum gewesen ist.
- ☐ Der Praktikumsbericht ist als Andenken für die Eltern gedacht.

Station 6: Die äußere Form — Seite 34

1. ☒ Ich hefte die einzelnen Blätter in einem Schnellhefter geordnet ab.
   ☐ Ich nehme die Blätter einzeln mit in den Betrieb. Sie verknicken.
   ☒ Ich frage nach, ob ich Mitarbeiter und Tätigkeiten fotografieren darf und ob mich jemand beim Verrichten einiger Tätigkeiten fotografiert. Ich füge einige Fotos dem Materialanhang bei.
   ☐ Ich schreibe den Bericht mit der Hand. Meine Handschrift ist sehr unleserlich.
   ☒ Vieles schreibe ich auf dem PC. Dabei benutze ich immer die gleiche Schriftgröße (Schriftgrad 12), einen Zeilenabstand von 1 ½ und die gleiche Schrift (z. B. Arial). Überschriften sind größer und fett gedruckt.
   ☒ Wenn ich mit der Hand schreibe, benutze ich immer einen gleichfarbigen Stift (keinen Bleistift).
   ☒ Ich frage nach, ob der Betrieb über eine Informationsbroschüre verfügt. Falls ja, packe ich sie mit in den Materialanhang.
   ☐ Es reicht aus, wenn ich alle Blätter lose in eine Mappe lege und diese dem Praktikumsleiter gebe.
   ☐ Fotos habe ich keine gemacht. Ich habe im Betrieb ja alles gesehen.

Station 8: Meine Wünsche und Erwartungen — Seite 37

1. **a)** *Am Montag war es so weit: Ich freute mich riesig auf mein Praktikum in der Schreinerei und kam morgens aufgeregt und wie vereinbart pünktlich um kurz vor acht dort an. <u>Leider war die Eingangstür verschlossen und weder der Chef noch die beiden Mitarbeiter waren zu sehen.</u> Also setzte ich mich auf die Treppe und wartete … Irgendwann kam dann der Chef. <u>Er hatte vergessen, dass ich heute meinen ersten Praktikumstag hatte! Die beiden Mitarbeiter waren bereits um sieben Uhr zu einer Baustelle gefahren. Der Chef, Herr Schmidt, schien sich über meine Anwesenheit nicht wirklich zu freuen.</u> Er bat mich, auf einem Stuhl im Büro zu warten. Das tat ich dann auch.*
   <u>Erst nach einer Stunde, nachdem er Kaffee getrunken und telefoniert hatte, fiel ihm anscheinend ein, dass ich auch noch da war! Unfreundlich teilte er mir mit, dass ich doch schon mal die Halle fegen könnte. Schade, ich hätte so gerne erst mal den Betrieb kennengelernt und eine Führung bekommen. Als ich ihn darauf ansprach, sagte er, dass er dafür jetzt keine Zeit hätte. Er verschwand wieder in seinem Büro und ich stand alleine da.</u> Also begann ich damit, die riesige Halle zu fegen. <u>Doch wo genau sollte ich fegen?</u> Überall? Ich fing im größeren Teil der Halle an. <u>Es war sehr eintönig. Und außerdem musste ich um große Holzstapel herumfegen, weil sie sich einfach nicht zur Seite schieben ließen. Gegen Mittag kam Herr Schmidt dann wieder und schimpfte, dass der hintere Teil der Halle nicht richtig sauber wäre. Ich wollte ihm noch erklären, dass ich die schweren Holzplatten alleine nicht hätte verschieben können, da sagte er bereits zu mir, dass ich für heute Feierabend machen könnte.</u> Er müsste jetzt auch auf die Baustelle fahren …
   Ich freute mich nicht wirklich auf den nächsten Tag und überlegte bereits, das Praktikum nach nur einem Tag zu beenden. Doch gleich aufgeben wollte ich auch nicht, sodass ich mir vornahm, gleich zu Beginn des nächsten Tages das Gespräch mit meinem Chef zu suchen. Zum Glück kam dann alles anders …
   Ansonsten hätte ich meinen Praktikumsbetreuer gefragt, wie es weitergehen soll.

   b) <u>Mögliche Antworten:</u>
   eine geöffnete Eingangstür, Anwesenheit von Chef und Mitarbeitern zum vereinbarten Zeitpunkt, ein freundlicher und höflicher Empfang, Freude über sein Erscheinen, nicht eine ganze Stunde warten zu müssen, Einblick in den Betrieb durch Betriebsführung und Erklärungen, genaue Arbeitsanweisungen und Hilfestellungen bei Fragen, Respekt (ausreden lassen), Mitnahme auf Außenbaustelle

2. <u>Mögliche Wünsche und Erwartungen:</u>
   netter Empfang, Höflichkeit, Freundlichkeit, neue Kontakte knüpfen, sympathische Kollegen, Spaß und Freude an der Arbeit, keine Langeweile, gute Zusammenarbeit mit anderen, Kennenlernen verschiedener Arbeitsplätze, neue Dinge ausprobieren dürfen, Hilfestellung bei Fragen, respektvoller Umgang und konstruktive Kritik bei Fehlern, stolz sein auf erreichte Leistungen, Qualifikation für eine Ausbildungsstelle, …

Station 3: Rechtliche Aspekte – Jugendarbeitsschutz

Seite 40

1. Verstöße des Arbeitgebers gegen das JArbSchG:

- ☐ Marie muss heute sechs Stunden arbeiten. Nach drei Stunden soll sie 30 Minuten Pause machen. (§ 11 Ruhepausen: Mindestruhezeit bei einer Arbeitszeit von 4,5 bis 6 h sind 30 Minuten)
- ☒ Moritz macht ein Praktikum in einer Gärtnerei. Er soll morgens früh um 5.30 Uhr beginnen. (§ 14 Nachtruhe: Jugendliche dürfen nur in der Zeit von 6–20 Uhr beschäftigt werden. Der vorliegende Fall fällt nicht unter die Ausnahmeregelung.)
- ☒ In Lottas Firma sind viele Aufträge zu erledigen. Sie soll sechs Tage in der Woche arbeiten kommen. (§ 15 Fünf-Tage-Woche)
- ☒ Diese Woche hat Lasse an jedem der fünf Arbeitstage 9,5 Stunden gearbeitet. (§ 8 Dauer der Arbeitszeit: nicht mehr als 40 h wöchentlich)
- ☐ Bei Ranias Betriebspraktikum soll der Arbeitstag in der Backstube um 4 Uhr früh beginnen. (Rania ist 17.) (§ 14 Nachtruhe: Jugendliche dürfen nur in der Zeit von 6–20 Uhr beschäftigt werden. Der vorliegende Fall fällt unter die Ausnahmeregelung: Jugendliche über 17 dürfen ab 4 Uhr in einer Bäckerei arbeiten.)
- ☒ Jonas muss mit der Firma am Samstag die restlichen Malerarbeiten ausführen. (§ 16 Samstagsruhe: Fall fällt nicht unter die Ausnahmeregelung, da kein Bäcker, offene Verkaufsstelle, Friseur, Marktverkehr)
- ☒ Valentin soll einem Mitarbeiter beim Durchbrechen einer Wand behilflich sein. (In der Firma gibt es nur für die festen Mitarbeiter einen Gehörschutz.) (§ 22: Gefährliche Arbeiten)
- ☐ Lina soll auch am Samstag im Friseurladen arbeiten. Dafür hat sie Montag frei. (§ 16 Samstagsruhe: Fall fällt unter die Ausnahmeregelung, da Bäcker, offene Verkaufsstelle, Friseur, Marktverkehr)
- ☒ In Neles Betrieb ist Stress angesagt: Sie arbeitet täglich acht Stunden und macht mittags eine halbe Stunde Pause. (§ 11 Ruhepausen: Mindestruhezeit bei einer Arbeitszeit von mehr als 6 h sind 60 Minuten)

2. Maxi (16), Bäckerei:

- **§ 8 Dauer der Arbeitszeit:** Acht Stunden täglich, höchstens 40 Stunden pro Woche, falls an einem Tag über acht Stunden gearbeitet wird, ist dies an einem anderen Tag der Woche auszugleichen.
- **§ 11 Ruhepausen:** Spätestens nach 4,5 Stunden Arbeit ist eine Pause zu machen, Mindestruhezeit bei einer Arbeitszeit von 4,5 bis 6 Stunden sind 30 Minuten, Mindestruhezeit bei einer Arbeitszeit von über 6 Stunden sind 60 Minuten.
- **§ 14 Nachtruhe:** Jugendliche dürfen nur in der Zeit von 6.00 Uhr bis 20.00 Uhr beschäftigt werden. Der vorliegende Fall fällt unter die Ausnahmeregelung. Maxi ist 16 Jahre alt und darf damit als Bäcker ab 5 Uhr beschäftigt werden.
- **§ 15 Fünf-Tage-Woche:** Jugendliche dürfen nur an fünf Tagen in der Woche beschäftigt werden.
- **§ 16 Samstagsruhe:** Jugendliche dürfen nicht an Samstagen beschäftigt werden. Der Fall fällt aber unter die Ausnahmeregelung (Bäcker, offene Verkaufsstelle, Friseur, Marktverkehr). Maxi darf also samstags arbeiten, dafür muss sie aber einen Wochentag frei haben (Fünf-Tage-Woche).

Sophie (15), Landschaftsgärtnerei:

- **§ 8 Dauer der Arbeitszeit:** Acht Stunden täglich, höchstens 40 Stunden pro Woche, falls an einem Tag über acht Stunden gearbeitet wird, ist dies an einem anderen Tag der Woche auszugleichen.
- **§ 11 Ruhepausen:** Spätestens nach 4,5 Stunden Arbeit ist eine Pause zu machen, Mindestruhezeit bei einer Arbeitszeit von 4,5 bis 6 Stunden sind 30 Minuten, Mindestruhezeit bei einer Arbeitszeit von über 6 Stunden sind 60 Minuten.
- **§ 14 Nachtruhe:** Jugendliche dürfen nur in der Zeit von 6.00 Uhr bis 20.00 Uhr beschäftigt werden. Der vorliegende Fall fällt nicht unter die Ausnahmeregelung.
- **§ 15 Fünf-Tage-Woche:** Jugendliche dürfen nur an fünf Tagen in der Woche beschäftigt werden.
- **§ 16 Samstagsruhe:** Jugendliche dürfen nicht an Samstagen beschäftigt werden. Der vorliegende Fall fällt nicht unter die Ausnahmeregelung.

Station 1: Tipps zur Präsentationsgestaltung — Seite 48

Lösungswort: PowerPoint

Station 2: Programmoberfläche PowerPoint — Seite 49

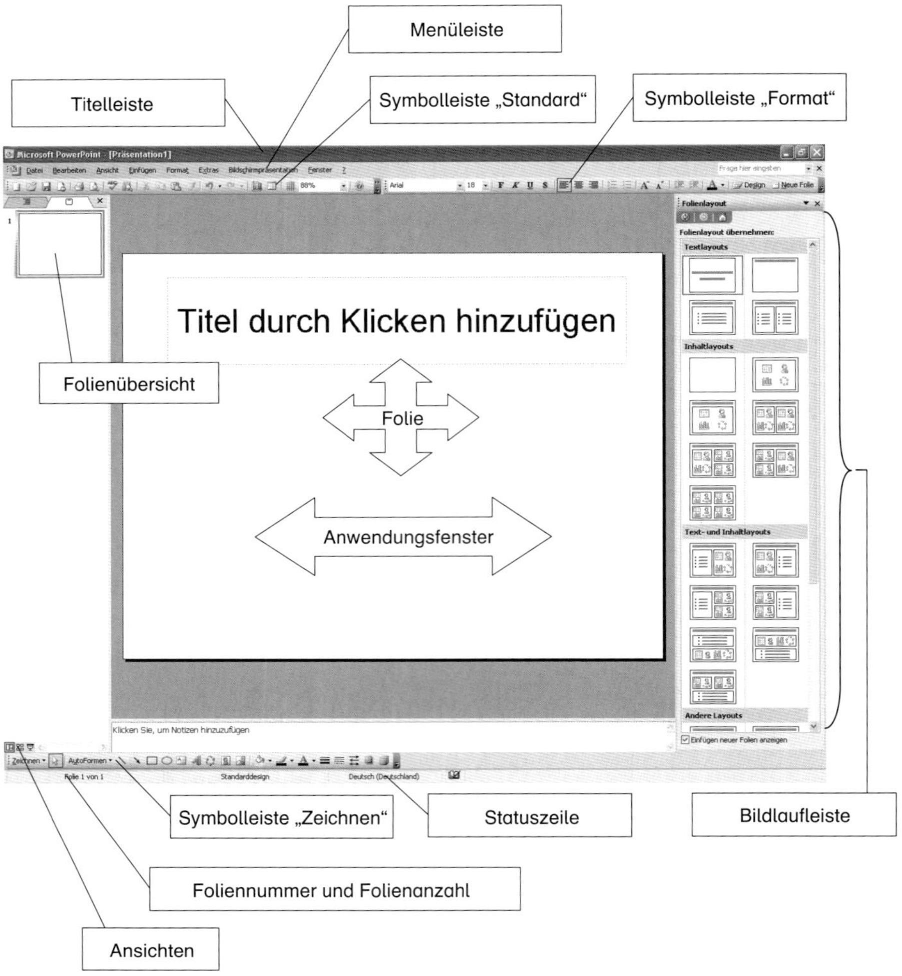

Station 1: Wozu dient Excel? — Seite 56

Wir nutzen Tabellen als **Hilfsmittel**, um Daten übersichtlich darzustellen und ihr Verhältnis zueinander aufzuzeigen. Dein Stundenplan ist dafür ein gutes Beispiel: Der **Datensatz** „Tag-Stunde-Fach" kann in Form einer Tabelle sehr einfach dargestellt werden, um wichtige Informationen gebündelt abzulesen. Den Stundenplan kannst du zügig mit Excel am PC erstellen, da der **Arbeitsbereich** mithilfe von sogenannten **Zellen** in Tabellenform, d.h. in Spalten (senkrecht) und Zeilen (waagerecht) schon eingeteilt ist.

Ein neuer Stundenplan ist daher kein Problem: Einfach die neuen Daten eingeben, eine Tabelle gestalten, speichern und ausdrucken, fertig! Bei Änderungen dann einfach auf ➢ Datei öffnen gehen, neue Daten eingeben, speichern und drucken. In die einzelnen Zellen können sowohl **Texte** als auch Zahlen oder beides eingegeben werden. Mit den Zahlenwerten errechnet Excel anhand vorgegebener **Programmfunktionen** oder von dir selbst definierten **Formeln** jede gewünschte mathematische Operation. Der **Diagramm-Assistent** ist eine komfortable Unterstützung, mit dem Berechnungen Schritt für Schritt in ein aussagekräftiges Diagramm umgewandelt werden können.

Um die Daten ansprechend zu präsentieren, bietet Excel dir eine Reihe von sogenannten Auto-Formaten an. Hier kannst du dank bereits voreingestellter **Tabellenformatierungen** mit wenigen Mausklicks eine gut gestaltete Tabelle erzeugen. Selbstverständlich ist es auch in Excel möglich, Grafiken und **Bilder** einzufügen. Zum Schluss noch in der **Seitenansicht** kontrollieren, ob alles zu deiner Zufriedenheit dargestellt ist und dann bei Bedarf ausdrucken.

Station 2: Spalten, Zeilen und Zellen

Seite 57

1.

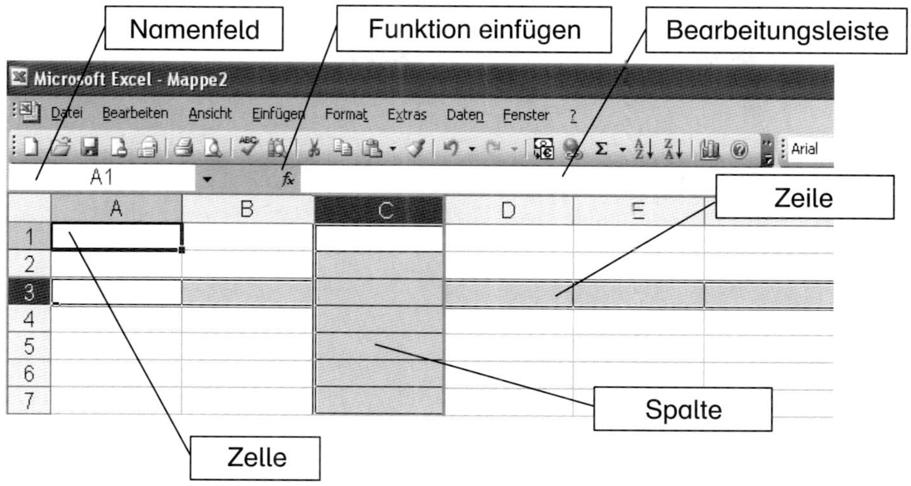

2.

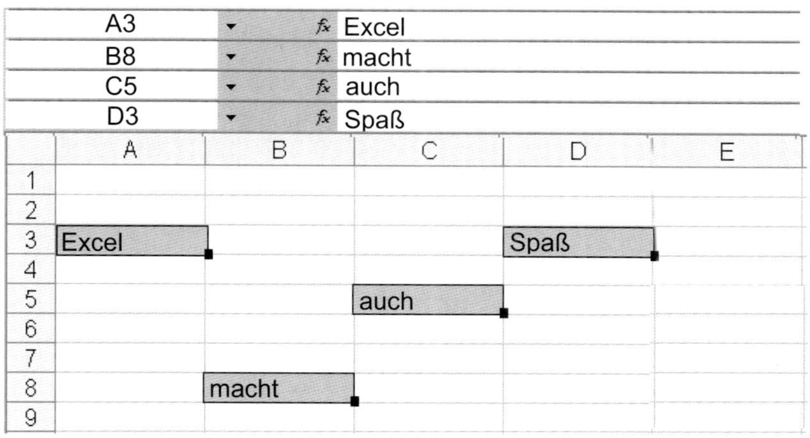

Station 4: Dateneingabe und Zellformate

Seite 59

1.

Eingabe	Zelle	Bearbeitungsleiste	Zahlenformat
Text	**Text**	**Text**	**Text**
2,333300	**2,3333**	**2,3333**	**Standard**
1/4	**01. Apr**	**01.04.2011**	**Benutzerdefiniert**
-45	**-45**	**-45**	**Standard**
(8)	**-8**	**-8**	**Standard**
9.11	**09. Nov**	**09.11.2011**	**Benutzerdefiniert**
Dez 24	**Dez 24**	**01.12.2024**	**Benutzerdefiniert**
1/4/2010	**01.04.2011**	**01.04.2011**	**Datum**
1.4.11	**01.04.2011**	**01.04.2011**	**Datum**
9:30	**09:30**	**09:30:00**	**Benutzerdefiniert**
01	**1**	**1**	**Standard**

2. a) Das Datumsformat bleibt erhalten.

b) Menüpunkt Format ➢ Zellen ➢ Kategorie Zahlen ➢ passendes Format auswählen

c) siehe **b)**

Station 6: Funktionen und Formeln

Seite 63/64

3.

	A	B	C	D
1		Wert1	Wert2	Formel
2	Addition	56	8	=B2+C2
3	Subtraktion	87	47	=B3-C3
4	Multiplikation	12	69	=B4*C4
5	Division	9	3	=B5/C5

4.

	A	B	C	D	E
1	Einkäufe	Menge		Einzelpreis	Gesamtpreis
2	Mineralwasser	6	Kisten	12,00 €	72,00 €
3	Limonade	4	Kisten	9,00 €	36,00 €
4	Cola	3	Kisten	7,50 €	22,50 €
5	Würstchen	150	Stück	1,30 €	195,00 €
6	Brötchen	150	Stück	0,30 €	45,00 €
7	Speiseeis	120	Stück	0,50 €	60,00 €
8				Summe:	430,50 €
9		Mehrwertsteuer (%)		19	81,80 €
10			Zu zahlender Betrag:		512,30 €
11			Geldspende:		60,00 €
12			Kosten pro Klasse:		75,38 €

5.

	A	B	C	D	E	F
1	Wert1	Wert2	Wert3	Wert4	Ergebnis	Formel
2	4	2	3	1	4	=A2*B2/(C2-D2)
3	5	3	2	2	28	=A3*B3*C3-D3
4	2	6	8	4	1	=(A4-B4+C4)/D4
5	5	4	3	2	30	=(A5*B5*C5)/D5

Station 7: Tasten sind schneller als die Maus

Seite 65

Tasten(kombination)	Auswirkung
Shift + →	eine Zelle rechts wird zusätzlich markiert
F2	aktive Zelle bearbeiten / editieren
Pos1	springt zur ersten Zelle einer Zeile und aktiviert diese
Strg + Ende	zur letzten verwendeten Zelle des Arbeitsblattes bewegen
Strg + Pos1	an den Anfang des Arbeitsblattes bewegen (Zelle A1)
Bild ↑	aktive Zelle springt um 40 Zeilen nach oben
Bild ↓	aktive Zelle springt um 40 Zeilen nach unten
Strg + Leertaste	markiert jeweils die gesamte Spalte
Strg + Shift + S	Schriftart auswählen
Strg + Shift + F	Formatierung **fett** zuweisen oder entfernen
Strg + C	kopiert den Zellinhalt
Strg + V	fügt den Zellinhalt ein
Strg + Z	letzte Aktion rückgängig machen
Strg + →	an den Rand des aktuellen Datenbereiches bewegen
←	löscht Zeichen links vom Cursor
Entf	löscht Zellinhalte, Zellformat bleibt erhalten
Esc	Befehl abbrechen und evtl. geöffnetes Dialogfeld schließen

Station 8: Daten übersichtlich darstellen

Seite 67

2.

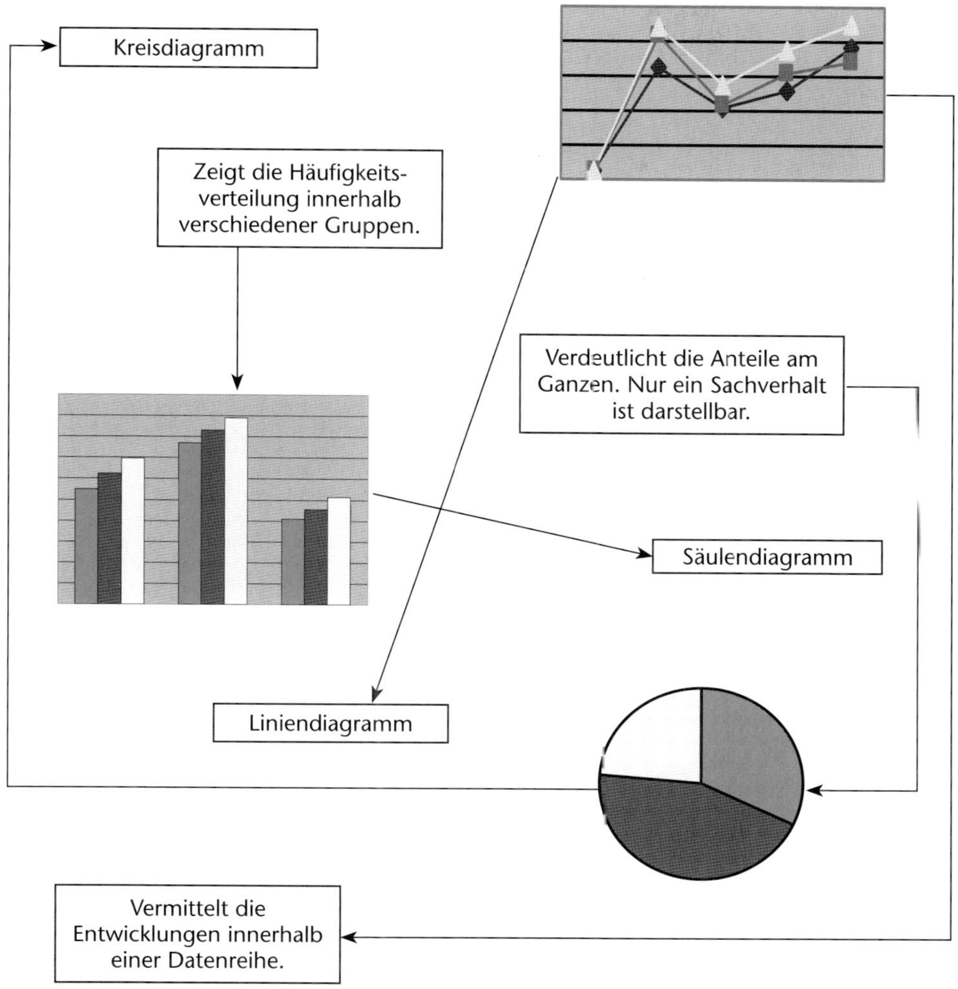

Station 9: Prüfe dein Wissen

Seite 68

1. Lösungswort: Zahlenformat

2.

	A	B	C	D	E
1	Wert1	Wert2	Wert3	Ergebnis	Formel
2	4	8	2	6	=(A2+B2)/C2
3	5	2	6	4	=(A3*B3)-C3
4	16	2	6	2	=(A4/B4)-C4
5	6	3	2	0	=A5-(B5*C5)

Quellenverzeichnis

Berufsfindung

Station 6: http://www.planet-beruf.de/Tipps-Ausbildungsme.13544.0.html

Vor dem Praktikum

Station 4: Rauchen verboten: http://upload.wikimedia.org/wikipedia/commons/thumb/0/09/D-P001_Rauchen_verboten.svg/1000px-D-P001_Rauchen_verboten.svg.png [Stand 04.10.2011]